丛书总主编
洪开荣

敞开式TBM施工关键技术
——吉林引松供水工程实践

胡新朋　徐鹏祖
张彦伟　王　鹤　聂利超　编著

人民交通出版社股份有限公司
北京

内 容 提 要

本书基于吉林省中部城市引松供水工程实践，系统介绍了敞开式TBM施工关键技术。全书共分7章：第1章绪论；第2章敞开式TBM选型与适应性设计；第3章TBM快速掘进施工关键技术；第4章TBM穿越不良地质施工关键技术；第5章配套与辅助工程施工关键技术；第6章TBM施工动态监控与风险安全管控关键技术；第7章结论。

本书可供从事TBM设计、施工、监理、工程管理、教学、科研等有关专业技术人员学习参考。

图书在版编目（CIP）数据

敞开式TBM施工关键技术：吉林引松供水工程实践 / 胡新朋等编著. — 北京：人民交通出版社股份有限公司，2020.12

ISBN 978-7-114-16405-7

Ⅰ.①敞… Ⅱ.①胡… Ⅲ.①隧道施工—施工技术 Ⅳ.①U455

中国版本图书馆CIP数据核字（2020）第041509号

面向挑战的隧道及地下工程
Changkaishi TBM Shigong Guanjian Jishu——Jilin Yin Song Gongshui Gongcheng Shijian

书　名：	敞开式TBM施工关键技术——吉林引松供水工程实践
著 作 者：	胡新朋　徐鹏祖　张彦伟　王　鹤　聂利超
责任编辑：	谢海龙
责任校对：	孙国靖　扈　婕
责任印制：	刘高彤
出版发行：	人民交通出版社股份有限公司
地　　址：	（100011）北京市朝阳区安定门外外馆斜街3号
网　　址：	http://www.ccpcl.com.cn
销售电话：	（010）59757973
总 经 销：	人民交通出版社股份有限公司发行部
经　　销：	各地新华书店
印　　刷：	北京印匠彩色印刷有限公司
开　　本：	787×1092　1/16
印　　张：	9.75
字　　数：	221千
版　　次：	2020年12月　第1版
印　　次：	2020年12月　第1次印刷
书　　号：	ISBN 978-7-114-16405-7
定　　价：	70.00元

（有印刷、装订质量问题的图书由本公司负责调换）

丛书编写委员会

主任委员

洪开荣

副主任委员

王小平　郭卫社

编　　委（按姓氏笔画排序）

于明华	方俊波	卢建伟	叶康慨	冯欢欢	吕建乐	刘龙卫
刘瑞庆	阮清林	孙振川	杜闯东	李丰果	李凤远	李红军
李志军	李治国	杨　卓	邹　翀	汪纲领	张　迅	张　辉
陈文義	陈振林	陈　馈	国　佳	郑大榕	赵　胜	莫智彪
高　攀	郭陕云	康宝生	董子龙	韩忠存	曾冰海	

本册编写委员会

主任委员

胡新朋

副主任委员

徐鹏祖　张彦伟　王　鹤　聂利超

编　　委（按姓氏笔画排序）

于利国　王江波　王　亮　王振飞　王海军　王登锋　车大兵
邢迅轲　朱道君　刘　飞　刘伟明　刘志远　刘征宇　刘金凯
许新骥　李许祝　李　强　吴文娟　陈建立　郑清君　房建华
赵　毅　耿　超　黄　力　黄道乾

本册顾问

吕　刚　田　明　谢　臣　袁木林　刘征辉

主编单位

中铁隧道局集团有限公司

中铁隧道股份有限公司

山东大学

丛 书 序
Introductory

  200万年前人类祖先已择洞而居，遮蔽风雨，抵御猛兽。中华文明文字记载的隧洞挖掘可追溯至公元前722年郑庄公与其母姜氏"阙地及泉，隧而相见"。人类经过不断探索研究和工程实践，如今随着技术的不断进步与可持续的文明发展，人们对采用隧道与地下工程解决人类生存与地面环境矛盾的认识越来越深刻，如解决地面交通的问题、解决水资源分布不均的问题、解决地表土地资源稀缺的问题、解决能源安全储存的问题、解决城市地表环境的问题等。特别是进入21世纪以来，人类已广泛形成了"来自地表挑战的地下工程解决方案"的共识。同时，正是这些应对挑战的隧道与地下工程解决方案，使得隧道与地下工程建设本身又面临着新的技术挑战，如超深埋的山岭隧道、超浅埋的城市隧道、超长隧道、跨江越海隧道以及复杂地面与地下建（构）筑物环境下的隧道与地下工程等。另外，隧道及地下工程建设还要面临极其复杂的地质条件与恶劣环境的挑战，如高地温、高地应力、高水压、极硬岩、极软岩、地下有害气体、岩溶等。

  中华人民共和国成立以后，随着铁路、公路、水利水电等基础设施的大规模建设，隧道与地下工程进入快速发展期。至20世纪末，我国累计建成铁路隧道6211座，隧道总长度达3514km，为中华人民共和国成立前铁路隧道总长度的22倍。进入21世纪以来，我国的铁路、公路、水利水电、城市地铁、综合管廊、城市地下空间、能源洞库等得到爆发式的发展，我国一跃成为隧道与地下工程发展最快的国家，隧道总量居全球首位。至2017年底，我国运营隧道（洞）总长达39882km，在建隧道总长约17000km，规划的隧道长度约25000km。隧道与地下工程呈现出向多领域应用延伸，并具有明显地向复杂山区、城市人口密集敏感区发展的趋势。可以说，21世纪，隧道与地下工程将大有作为，但面临的挑战与压力也将是史无前例的。

  中铁隧道局集团有限公司（简称"中铁隧道局"）为原铁道部隧道工程局，是国内隧道与地下工程建设的主力军，年隧道建设能力达500km以上，累计建成隧道（洞）约7000km。中铁隧道局自1978年成立以来，承担了我国大量的重、难、险隧道与地下工程建设任务，承建了众多具有标志性、里程碑意义的隧道与地下工程，如首次采用新奥法原理修建的衡广复线大瑶山隧道（14.295km）——开创了我国修建长度超过10km以上隧道的先河，创立浅埋暗挖法修建的北京地铁复兴门折返线——标志着我国地铁建设由"开膛破肚"进入暗挖法时代，首次采用沉管法修建的宁波甬江隧道——标志着我国水下隧道建设的跨越，创建复合盾构施工工法建设的广州地铁2号线越秀公园—广州火车站—三元里区间隧道——标志着我国地铁建设迈入盾构时代。从北京地铁，到广州地铁，再到全国其他43座城市的地铁建设，标志着我国地铁建设技术迈入了引领行列；从穿越秦岭的西康铁路秦岭隧道（19.8km），到兰武铁路乌鞘岭隧道（20.05km）、南库二线中天山隧道（22.48km）、兰渝线西秦岭隧道（28.24km）、成兰线平安隧道（28.43km）等众多20km以上的隧道，再到兰新铁路关角隧道（32.6km）、大瑞铁路高黎贡山隧道（34.5km），以及引水工程的引松隧洞（69.8km）、引汉济渭隧洞（98.3km）、引鄂喀双隧洞（283km），展示着我国采用钻爆法、TBM法技术能力的综合跨越；从"万里长江第一隧"武汉长江隧道，到首座钻爆法海底隧道厦门翔安隧道、海域第一长隧广深港高铁的狮子洋隧道（10.8km）、首座内河水下立交隧道长沙营盘路湘江隧道、内河沉管隧道南昌红谷隧道，镌刻下我国水下隧道建设技术的成熟与超越；从平原、到高山、到水下，隧道无处不在，给人们带来了便利生活与环境的改善。同时伴随着这些代表性隧道工程的建设，我国隧道施工机械装备与技术方法，也实现了一个又一个台阶的跨越，每一个台阶无不留有隧道人为人类美好生活而挑战自然、驾驭自然的智慧与创造。

"隧贯山河，道通天下"是隧道人的追求与梦想，更是我们的情怀，也是我们对美好生活向往的真实写照！中铁隧道局的广大技术人员，本着促进隧道技术进步、共享隧道建设成果为目的，以承建的重、难、险隧道工程为依托，计划将隧道建设中遇到的难题、形成的技术、积累的经验以及对隧道工程的思考，以专题技术的方式记录和编写一部部出版物，形成"面向挑战的隧道及地下工程"系列丛书。希望本丛书对隧道及地下工程领域的发展与进步具有一定的参考与借鉴价值，同时期待耕耘于该领域的专家、学者和同行进行批评指正，也寄望能给未来的隧道人带来启迪，从而不断地推动隧道及地下工程技术的进步，更加自信地应对社会发展对隧道的需要与建设隧道中的挑战，更好地服务于人类！

在我们策划"面向挑战的隧道及地下工程"丛书的过程中，人民交通出版社股份有限公司给予了我们极大的帮助，共同讨论丛书的架构、篇目布局等，在此致以崇高的敬意！

本系列丛书在编写过程中得到了许多基层技术人员的支持与帮助，相关单位和专家也为丛书的出版做了大量的组织和支持工作，在此一并致以诚挚的感谢！

2018年12月

前 言
Preface

吉林省中部城市引松供水工程（简称"吉林引松供水工程"）是经国务院常务会议讨论通过的《吉林省增产百亿斤商品粮能力建设总体规划》中的骨干工程，也是国务院确定的172项重大水利工程之一，是吉林省投资规模最大、输水线路最长、受益面积最广、施工难度最高的大型跨区域引调水工程，已被明确写入国家《国民经济和社会发展第十三个五年规划纲要》。其中四标段位于吉林省吉林市岔路河至饮马河之间，线路桩号K48+900～K71+900，总长度23km，采用一台直径7.93m的敞开式TBM结合人工钻爆法施工。

敞开式TBM与传统钻爆法掘进相比较，在大埋深、长距离的隧道（洞）施工中具有安全、高效、环保的特征，是国内外水利、铁路、轨道交通等领域的重要方法之一。然而，随着施工要求的不断提高，TBM施工相关关键技术仍不够成熟，在隧道施工中存在着诸多行业难题。尤其是面临恶劣围岩环境时，频繁出现进尺慢或卡机，甚至在遇到不良地质时遭遇突水突泥等事故。因此，针对长距离且穿越多种不良地质段落的隧道（洞），需要开展特定工程地质条件下的适应性研究，保障施工安全、高效掘进。

本书围绕吉林引松供水工程实践，详细介绍TBM选型及施工关键技术的研究成果，共分为7章。第1章主要介绍了水工隧洞发展历程，对TBM施工技术的发展与现状进行了综述，并就吉林引松供水工程的工程概况进行了介绍；第2章研究了敞开式TBM的选型依据及针对本工程的适应性设计，提出了适应于本工程的TBM选型和配置，介绍了TBM现场组装与始发情况；第3章揭示了影响TBM掘进效率的主要因素，研究了TBM施工工序优化方法，提出了TBM长距离快速步进施工技术，建立了TBM快速掘进资源保障技术及维修技术；第4章针对多种不良地质的TBM施工，形成了一套集预报、处治、检测为一体的施工关键技术；第5章介绍了竖井、二次衬砌等辅助工程的施工技术；第6章介绍了TBM施工动态监控与风险安全管控关键技术；第7章对全书进行了总结。本书是吉林引松供水工程TBM施工人员多年来在该领域研究、尝试的总结，希望本书的出版能为 TBM 隧道（洞）施工的研究和实践提供有益的参考。

TBM 施工涉及地质学、岩石力学、隧道与地下工程、机械工程等多学科，是一项系统工程，仍有许多研究工作需要进一步开展。

我们在编写过程中，亦借鉴了前人的工作，参考了相关的专业书籍与文献，谨此向本书中引用内容的科研工作者和实践工作者表示诚挚的谢意。感谢多年来项目人员在吉林市引松供水工程建设中所做的贡献，感谢为本书编撰提供帮助的众多合作单位和工程技术人员。

由于作者水平和能力有限，书中难免存在不足之处。我们将以感激的心情恳请阅读本书的读者不吝赐教，敬请批评指正！

作 者
2020 年 3 月

目 录
Contents

第 1 章　绪论 ··· 001

　　1.1　水工隧洞发展历程与趋势 ··· 003
　　1.2　TBM 施工技术发展与现状 ··· 004
　　1.3　吉林引松供水工程概况 ··· 006
　　1.4　吉林引松供水工程 TBM 施工关键技术挑战 ······························· 013

第 2 章　敞开式TBM选型与适应性设计 ··· 015

　　2.1　TBM 选型的依据及原则 ··· 017
　　2.2　影响 TBM 选型的地质因素分析 ·· 018
　　2.3　TBM 选型与配置 ··· 019
　　2.4　TBM 适应性设计与评价 ··· 023
　　2.5　TBM 现场组装与始发 ·· 025
　　2.6　小结 ·· 031

第 3 章　TBM快速掘进施工关键技术 ··· 033

　　3.1　TBM 掘进速度影响因素分析 ·· 035
　　3.2　TBM 掘进进度理论指标与工序优化 ··· 051
　　3.3　TBM 长距离快速步进施工技术 ·· 053
　　3.4　TBM 快速掘进资源保障技术 ·· 057

第3章
3.5 TBM 快速维修保养技术 ··· 063
3.6 小结 ··· 064

第4章 TBM穿越不良地质施工关键技术 ··· 065
4.1 总体思路及主要施工对策 ··· 067
4.2 不良地质超前预报技术 ··· 068
4.3 TBM 穿越浅埋富水沟谷段施工技术 ··· 070
4.4 TBM 穿越灰岩岩溶溶洞群施工技术 ··· 071
4.5 TBM 穿越断层破碎带施工技术 ··· 076
4.6 TBM 穿越突泥涌水段落的施工技术 ··· 080
4.7 小结 ··· 083

第5章 配套与辅助工程施工关键技术 ··· 085
5.1 人工钻爆法预处理施工技术 ··· 087
5.2 全圆针梁式台车二次衬砌施工技术 ··· 109
5.3 大断面超深孔反向掘进爆破成井施工技术 ··· 117
5.4 小结 ··· 125

第6章 TBM施工动态监控与风险安全管控关键技术 ··· 127
6.1 TBM 施工动态安全监控技术 ··· 129
6.2 TBM 施工风险分析 ··· 133
6.3 TBM 施工风险管控技术 ··· 135
6.4 小结 ··· 135

第7章 结论 ··· 137
7.1 主要研究成果 ··· 139
7.2 创新性成果 ··· 141

参考文献 ··· 142

第 1 章

绪 论

Key construction technologies of Open-type TBM——
A Practice in Jilin Yinsong water supply project

Key construction technologies of Open-type TBM——
A Practice in Jilin Yinsong water supply project

1.1 水工隧洞发展历程与趋势

水工隧洞作为一种特殊的引输水建筑物,在我国的农业灌溉工程、城乡供水工程、发电引水工程、枢纽导流泄洪工程等水利水电工程建设中得到了广泛的应用。通过积累与总结水工隧洞建设过程中的经验和教训,水利水电行业的水工隧洞勘察、设计、施工各项规范进行了多次修订,行业内外的技术交流日益广泛,勘察手段、设计分析方法、施工技术等方面也随着施工复杂程度变高而不断涌现创新性成果。

一是,随着我国复杂地质条件下隧洞建设的增加,以及建设规模、埋深的不断加大,对于不良地质段落的勘察手段和建设经验日益丰富。如穿越秦岭的引汉济渭工程,最大埋深2012m,花岗岩饱和抗压强度达250MPa以上;新疆某引水工程单洞长度280km以上。可以看出,我国隧洞的设计与施工水平已经可以突破极端复杂地质、地形的限制,具备建设深埋、超长以及穿越特殊不良地质地层隧洞的能力。

二是,TBM工法具有较快的掘进速度和友好的施工环境,已广泛应用于水工隧洞的建设,我国已成为世界上最大的TBM使用国,如大伙房输水工程、陕西引汉济渭工程、滇中引水工程等已建或在建工程均采用了一台或多台TBM施工,新疆某工程作为世界上最大的TBM集群,同时采用了二十余台TBM/盾构进行施工。采用TBM施工已成为隧洞施工的发展方向与趋势。

三是,超前地质预报技术在隧洞建设过程中愈发起到关键作用。作为地表勘察的重要补充,超前地质预报可对掌子面前方不良地质进行预报,为隧洞特别是TBM施工隧洞穿越不良地质提供依据,从而针对性地采取超前注浆封堵、衬砌外设置固结灌浆防渗圈,以及其他地表处理等措施,可有效减少或避免隧洞施工过程中产生的突水、突泥灾害,不仅保障隧洞安全施工,也可避免引发隧址区地下水环境破坏。因此,超前预报技术在保障隧洞安全高。

截至2016年底,我国已建成各类水工隧洞总长超过10000km,其中单个工程洞室总长度之和已超过200km,洞室埋深最大超过2500m。根据"国家172引水工程建设计划",近年来新建水工隧洞数量持续增加,在建及拟建的水工隧洞总长超过3000km。

这些工程的建设,极大地推动了我国地下工程技术的发展,标志着我国地下工程技术已处于世界先进水平。

与此同时,水工隧洞建设还存在一些需要进一步探索、研究的问题。目前,依据我国建设需要以及以往建设过程中遇到过的问题,超长山岭隧洞建设技术、穿越不良地质带的TBM施工关键技术等需进行深入研究。

1.2 TBM 施工技术发展与现状

根据《全断面隧道掘进机术语和商业规格》(GB/T 34354—2017)中关于全断面隧道掘进机的定义,是指通过开挖并推进式前进实现隧道全断面成形,且带有周边壳体的专用机械设备,主要包括盾构机、岩石隧道掘进机(TBM)、顶管机等。

工程应用中根据不同的地质条件需要选用不同类型的掘进机,盾构机一般适用于软弱围岩或软土;TBM 一般在山岭隧道或硬岩中使用。随着科学技术的进步和发展,两者之间的界限越来越模糊:盾构机发展为泥水平衡盾构机、土压平衡盾构机和多模式盾构机;而 TBM 发展为敞开式、单护盾和双护盾三种 TBM 机型。

在 20 世纪 70 年代著名的 TBM 生产厂家是美国的罗宾斯公司、佳伐公司、德国的维尔特公司和德马克公司。随后,由于生产厂家重组、转产以及停产等,现在生产 TBM 的厂家主要有美国的罗宾斯公司、德国的维尔特公司、海瑞克公司、加拿大的拉瓦特公司和日本的小松公司。随着国内工业生产技术的发展,中国中铁工程装备集团有限公司(简称"中铁装备")、中国铁建重工集团股份有限公司(简称"铁建重工")、中国船舶重工集团有限公司(简称"中船重工")等公司也具备了生产 TBM 的能力,并已在吉林引松供水工程、新疆某工程中进行了成功应用。

当前,我国已经是世界上隧道及地下工程建设规模最大、数量最多、地质条件和结构形式最复杂、修建技术发展速度最快的国家,TBM 工法作为一种适用于现在隧道及地下工程建设的重要施工方法之一,已经并将持续发挥其重要作用。

我国自 1978 年实行改革开放以来,引入国外大型 TBM 进行隧道(洞)施工,取得了成功。2003 年由中国第二重型机械集团公司(简称"中国二重")和美国罗宾斯公司合作开发的新一代直径为 3.65m 双护盾掘进机在四川德阳制造完工。这台双护盾掘进机为新一代全断面掘进机,是集机械、电气、液压、自动控制于一体的用于地下隧道工程开挖的智能化大型成套施工设备,用于云南省昆明市掌鸠河 22km 长的引水隧洞施工。该机为适应我国西南地区地质不确定性大,破碎地带较多等特点,采取了许多特殊的设计,如脱困力矩和脱困推进力都特大,用于脱困的辅助推进液压缸的液压系统压力最高可达 50 MPa。这些充分体现了新一代掘进机地质适应能力更强的特点。该掘进机的研制成功是我国重大装备制造业取得的一项重要成果。2004 年大连重工起重集团有限公司与美国罗宾斯公司合作生产两台双护盾掘进机,开挖直径 8.03m,用于辽宁大伙房输水工程。随着我国建设单位对 TBM 施工工法日益熟悉,在不良地质发育区也进行了许多尝试。例如宜万铁路隧道遇到的主要地质难题为大型溶洞;云南掌鸠河上公山隧洞主要地质难题是穿越总宽达 2300m 的区域性构造破碎带,软岩变形大及极细砂大涌水;引黄入晋输水隧洞主要地质难题是极软岩——泥灰岩和溶洞;天生桥二级水电站引水隧洞主要地质难题是溶洞跨度大、暗河发育;雅砻江锦屏二级水电站引水隧洞主要地质难题是高地应力、高压大流量涌水；新疆八十一达坂隧洞主要地质难题是泥岩砂岩交互层，并遇到强膨胀泥岩；青海引大济湟输水隧洞主要地质难题是高地应力、软岩、膨胀围岩、泥质膨胀围岩及富水洞段。表1-1为国内调研的岩溶地区、不良地质条件地区长大隧洞工程地质条件对比表。

国内部分岩溶地区、不良地质条件地区长大隧道/隧洞工程地质条件对比表　　表1-1

序号	工程名称	工程所在地	隧洞地质条件（岩性）简述	施工遇到不良地质问题	涌水量
1	宜万铁路鲁竹坝2号隧道	湖北省恩施市	海相沉积碳酸盐岩类为主，岩溶强烈发育	频繁遭遇大型溶洞、岩溶管道等不良地质，其中DK204+960桩号溶洞长250m，横向宽60m，高35m。属特大型半充填溶洞	最大流量4200 m^3/d
2	云南掌鸠河上公山隧洞	云南省昆明市	下元古界黑山头组泥质岩、砂质板岩、石英质砂岩和震旦系灯影组白云岩、白云质灰岩及硅质白云岩。区域内断层、褶皱及节理非常发育，局部岩溶比较发育，并且绝大部分洞段位于区域地下水位线以下，工程地质条件相当复杂	宽度达2300m断层破碎带、节理密集带、软岩大变形、岩溶、极细砂、大涌水等。其中软岩变形速度达3cm/min，最大变形达25cm。发生两次规模较大的洞内涌水泥石流，约2500m^3	DK79+803处发生涌水，首次涌水流量约60m^3/h，泥石量约为400m^3；二次涌水流量约20m^3/h，泥石量约为1500m^3
3	引黄入晋隧洞	山西省太原市	灰岩、白云质灰岩为厚层块状结构，强度较大。泥灰岩为极软岩，强度随构造部位不同差别较大	南干线6号隧洞长14.4km，11个钻孔，钻孔岩溶出现率为49%，最大洞径达16.2m。施工中揭露岩溶集中发育段45个，共计652.77m。南干线遇到较大溶洞57个。围岩强度很低（单轴抗压强度大部分仅为5MPa，饱和单轴抗压强度更低），属极软岩，变形速率达3~4cm/h	
4	天生桥二级水电站隧洞	贵州省、广西壮族自治区	85%隧洞为灰岩及白云岩，隧洞区地下暗河有岩宜暗河、纳贡暗河系统等5个暗河系统，暗河都与地表洼地、落水洞相通，地下水位随降雨变化明显	隧洞遇到多个溶洞，溶洞跨线长度达50~110m，溶洞最大深度93m	单个涌水口流量可达1.5~2m^3/s。全洞涌水流量一般可达7m^3/s
5	锦屏二级水电站隧洞	四川省凉山彝族自治州	白山组（T_2b）和盐塘组（T_2y）碳酸盐岩，岩性为大理岩、砂板岩、绿泥石片岩和变质中细砂岩	溶蚀裂隙带、高压大流量涌水、高地应力引发的岩爆以及岩石流变等，遇到直径2~3m小型溶洞，未做处理，TBM直接穿过	最大瞬时涌水流量7.3m^3/s，稳定流量3.4m^3/s
6	新疆八十一达坂隧洞	新疆维吾尔自治区伊犁河	N_2组由砂岩、砂砾岩和泥岩组成。J_{1-2}和J_2岩组由碳质板岩质粉砂岩、砂岩、砂岩及泥岩组成	砂岩-泥岩互层，泥岩遇到水强膨胀，砂岩遇到水分散，碰到泥岩—砂岩互层，泥沙卡入护盾里，很难清除，造成频繁卡机	S84+422.11处掌子面出现大量涌水、流砂，涌水流量约80L/s
7	引大济湟隧洞	青海省	第三系盆地沉积区，以软弱泥岩、泥质粉砂岩为主	断层破碎带发育，最大的一条断层带达1030m，埋深800~900m，最大地应力达24MPa。断层呈挤密性压性断层，断层部位岩石为颗粒状，不对其扰动，岩石很致密，抗压强度也很高，一挖就散了，此类岩石一旦遇水被扰动，很快变软。岩石强度低，具软化性、崩解性和膨胀性	涌水流量达3.4~3.7m^3/s

经实践发现在灰岩岩溶地区，TBM施工中遭遇突水突泥地质灾害的风险更高，轻者掘进机卡机或机械损毁，重者整机报废、弃用掘进机方案、出现人员伤亡，造成严重的工期延误。因此，吉林引松供水工程在利用TBM时，面对灰岩地层如何采取技术措施进行处理是项目施工的难点和关键技术。

1.3 吉林引松供水工程概况

1.3.1 工程建设意义

吉林引松供水工程是吉林省有史以来投资规模最大、输水线路最长、受益面最广、施工难度最高的大型跨区域引调水工程。工程从第二松花江丰满水库调水至吉林省中部地区，向长春市、四平市、辽源市及所属的九台、德惠、农安、双阳、公主岭、梨树、伊通、东辽等11个县（市、区），以及沿线26个乡（镇）提供生产、生活、生态用水，受益人口1060万。工程主要建设内容包括丰满水库取水口工程、冯家岭分水枢纽工程、输水总干线、长春干线、四平干线、辽源干线及沿线附属工程。线路总长263.45km，其中隧洞长133.98km，管线［预应力钢筒混凝土管（PCCP）、钢塑复合管（SP）、现浇涵管］长129.47km。综合工程量3197万m³，钢筋100271t。工程规划占地1301.06hm²（其中：永久占地223.87hm²，临时占地1077.19hm²），需征迁房屋22043m²，搬迁安置人口118人。取水口设计引水流量38m³/s，设计多年平均引水量8.98亿m³。

2011年11月，国家发改委批复了工程可行性研究报告；2012年9月，吉林省发改委批复了工程初步设计报告，批复概算总投资101.77亿元。工程总建设工期为6年。2013年12月，工程正式开工建设。

中部引水工程的实施将解决吉林省中部地区缺水问题，促进地区经济可持续发展，为实现中部老工业基地调整改造和中部城市群崛起提供可靠的水资源支撑。还可增加农田灌溉利用水量2.04亿m³，新增灌溉面积321.5km²，补偿河道内生态环境用水量1.4亿m³，减少地下水超采量2.83亿m³。对保障城市饮用水和粮食生产安全，促进社会主义新农村建设，优化配置吉林省水资源和改善生态环境发挥重大作用。

1.3.2 工程概况

吉林引松供水工程总干线施工四标段位于吉林省吉林市岔路河至饮马河之间，线路桩号K48+900～K71+900，总长度23km，采用一台直径7.93m的开敞式TBM结合人工钻爆

绪 论 | 第 1 章

法施工,其中钻爆法采用装载机配合自卸汽车进行出渣,TBM 法采用连续皮带输送机进行出渣,运输采用无轨运输与有轨运输相结合的运输系统。

(1)隧洞出口钻爆法施工主洞 424m,饮马河调压井 58.298m,TBM 掘进施工 17.494km,其中出口至碱草甸子竖井 3125m,碱草甸子竖井至小河沿竖井 1564m,小河沿竖井至 8 号支洞 3892m,8 号支洞至 7 号支洞 8913m。

(2)碱草甸子竖井:竖井 33.9m,正洞处理浅埋不良地质段 147m。

(3)小河沿竖井:竖井 43.94m,水平通道 12.86m,正洞处理不良地质段 284m。

(4)8 号支洞:支洞 1192.2m,正洞检修间及服务洞室共计 450m;钻爆接应 TBM 段 1371m。

(5)3 号通风竖井:竖井 53m。

(6)7 号支洞:支洞 518.1m,拆卸间 80m,过岔路河段钻爆施工 1490m,大里程接应 TBM 施工段共计 1236m。

工程地理位置平面如图 1-1 所示,工程平面布置如图 1-2 所示。

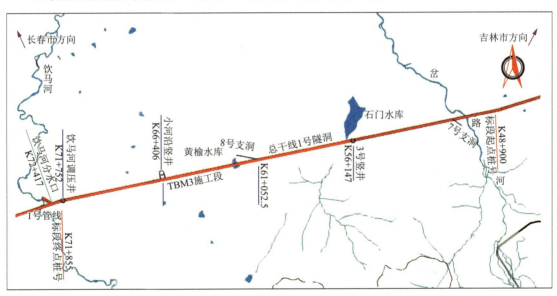

图 1-1 工程地理位置平面示意图

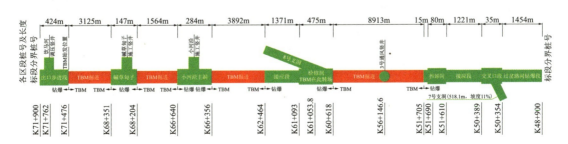

图 1-2 工程平面布置示意图(图中绿色区域为钻爆段,红色区域为 TBM 掘进段)

007

1.3.3 TBM段工程设计概况

（1）TBM施工段设计概况

TBM施工段开挖断面为圆形，开挖成洞洞径7.93m。采用锚喷支护作为初期支护，全圆现浇C25钢筋混凝土二次衬砌。其中K66+350～K66+647、K68+204～K69+359段共计448m采用C40预应力混凝土衬砌。衬砌净空根据不同围岩断面直径主要有6.51m、6.8m、7.07m几种。TBM初期支护设计断面如图1-3～图1-7所示，初期支护参数见表1-2。

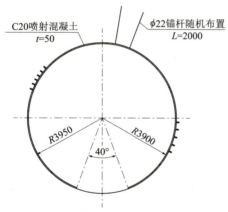

图1-3　Ⅱ类围岩初期支护断面示意图（尺寸单位：mm）

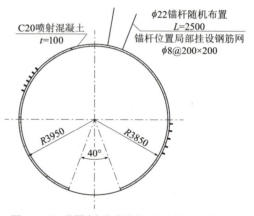

图1-4　Ⅲ$_a$类围岩初期支护断面示意图（尺寸单位：mm）

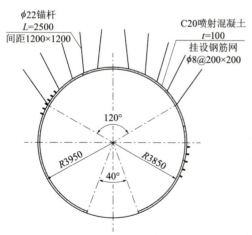

图1-5　Ⅲ$_b$类围岩初期支护断面示意图（尺寸单位：mm）

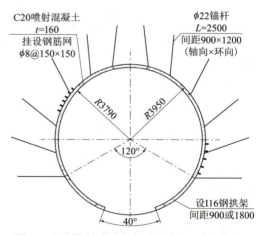

图1-6　Ⅳ类围岩初期支护断面示意图（尺寸单位：mm）

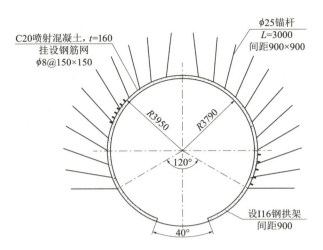

图 1-7 V 类围岩初期支护断面示意图（尺寸单位：mm）

TBM 施工段支护参数表 表 1-2

名称	围岩类别		II	III$_a$	III$_b$	IV类（偏好）	IV类（偏差）	V
初期支护	C20喷射混凝土	位置	320°	320°	320°	320°	320°	320°
		厚度（cm）	5	10	10	16	16	16
	锚杆	位置	局部	120°局部	120°	240°	240°	240°
		材料	C22	C22	C22	C22	C22	C25
		长度（m）	2	2.5	2.5	2.5	2.5	3
		间距（m）	随机	随机	1.2×1.2	0.9×1.2	0.9×1.2	0.9×0.9
	ϕ8mm钢筋网	位置	—	随机	120°	240°	240°	240°
		规格（cm）	—	20×20	20×20	15×15	15×15	15×15
	钢拱架	型号	—	—	—	I16	I16	I16
		间距（m）	—	—	—	1.8	0.9	0.9
	钢筋排	材料	—	—	—	C12	C12 或 C16	
		位置	—	—	—	不良地质段撑靴以上		

（2）TBM 检修间设计概况

TBM 检修间全长 80m，起讫桩号为 K61+009 ～ K60+929。TBM 检修间平面示意见图 1-8。

TBM 拆卸间全长 80m，起讫桩号为 K51+610 ～ K51+690（变更后）。断面形式与 TBM 检修间扩大洞室相同，围岩为 II 类围岩，岩性为花岗岩。

扩大洞室断面示意见图 1-9。

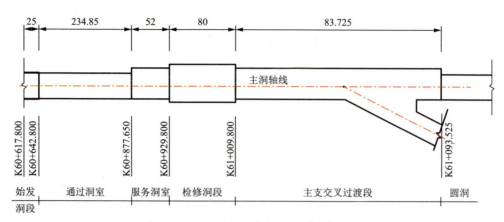

图 1-8 TBM 检修间平面示意图（尺寸单位：m）

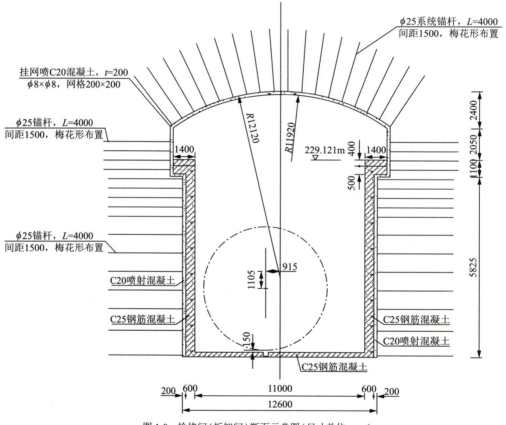

图 1-9 检修间（拆卸间）断面示意图（尺寸单位：mm）

1.3.4 工程地质概况

本段涉及地层岩性主要有三叠系上统小蜂蜜顶子组凝灰岩，三叠系上统大酱缸组砂砾岩，石碳质板岩系中下统磨盘山组灰岩，石碳质板岩系下统余富屯组凝灰岩，石碳质板岩系下统鹿圈屯组凝灰质砂岩，泥盆系中下统碱草甸－常家街组灰岩、砂岩，侵入岩为燕山期花岗岩、钠长斑岩、石英闪长岩，华力西晚期闪长岩。

（1）三叠系上统小蜂蜜顶子组（T_3x）

凝灰岩〈15〉：浅灰色，斑状结构，致密块状构造，斑晶主要为斜长石、黑云母，致密坚硬，节理裂隙不发育，含煤层，分布在乱木桥到黄榆一带。与花岗岩〈γ_5^2〉侵入接触关系。

（2）三叠系上统大酱缸组（T_3d）

砂砾岩〈15-1〉：风化面黄褐色，新鲜面灰色、灰绿色，属于复成分砂砾岩，以砂砾岩、含砾砂岩和砾状砂岩为主，成分成熟度低。填隙物主要为泥级和砂级、粉砂级粗杂基，层状结构，粒径大者20cm，圆状、次圆状，没有规律，混杂，成分为安山岩等。分布在线路末端。

（3）石碳质板岩系中下统磨盘山组（$C_{1-2}m$）

灰岩〈20〉：灰白色，中厚层纯质灰岩夹燧石条带灰岩，局部杂有岩脉，主要成分为方解石及少量生物碎屑，方解石含量85%左右，岩石见有较多裂隙和微裂隙，充填方解石，一般宽0.1～0.2mm。其在王家街及七间房等地均有分布。

砂岩〈20-1〉：砂岩，灰白色，碎屑结构，中薄层状构造，钙质胶结。

（4）石碳质板岩系下统余富屯组（C_1y）

凝灰岩〈21〉：浅灰色，斑状结构，块状构造，斑晶主要为斜长石、黑云母，致密坚硬，节理裂隙不发育，分布在线路末端。

（5）石碳质板岩系下统鹿圈屯组（C_1l）

与三叠系小蜂蜜顶子组（T_3x）角度不整合接触，与侏罗系安民组（J_3a）角度不整合接触。

凝灰质砂岩〈22-1〉：灰白色，碎屑结构，块状构造，致密，坚硬，断口见钙质薄膜，局部见有斑点状矿物。分布在横土背一带。

（6）泥盆系中下统碱草甸子－常家街组（$D_{1-2}cj$）

灰岩〈23〉：灰～灰黑色，泥晶、生物碎屑灰岩，中厚层，水平层理，交错层理，多呈弱～微风化。分布在碱草甸、常家街一带。与石碳质板岩系磨盘山组断层接触。

泥质粉砂岩〈23-1〉：紫红色，碎屑结构，中薄层状构造，泥质胶结。

（7）燕山早期侵入岩（γ_5^2）

花岗岩〈28〉：肉红色，中粒～细粒结构，块状构造，矿物成分以长石、石英为主，含有少量黑云母。为线路出露主要岩石，大面积分布。

（8）燕山早期侵入岩脉（ϕ_5^2）

钠长斑岩〈29〉：灰白～浅肉红色，斑状结构，块状构造，矿物成分以长石、石英、云母为主，钠长石占78%，石英7%，侵入磨盘山组和大酱缸组，岩体中大酱缸组砂砾岩捕虏体较多，出露于饮马河右岸、大公屯一带。

（9）燕山早期侵入岩（δo_5^2）

石英闪长岩〈30〉：灰白～浅肉红色，半自形粒状结构，块状构造，矿物成分斜长石、角闪石、石英、黑云母，斜长石70%土化、绢云母化，角闪石10%～15%多数变为阳起石和绿泥石、绿帘石，黑云母5%～10%绿泥石化，石英10%～22%。岩体风化不均，沿节理面风化剧烈,呈球状风化。分布在大河川一带。

(10)华力西晚期侵入岩(δ_4^3)

闪长岩〈33〉:灰白色,中细粒结构,块状构造,矿物成分为斜长石、石英、角闪石和黑云母组成。斜长石(55%～65%)土化、绢云母化、碳酸盐化,石英(5%～15%),黑云母(15%)多变为绿泥石,角闪石(10%)变为碳酸盐矿物。分布在饮马河至黄榆水库一带。

隧洞穿越地层统计见表1-3。

隧洞穿越地层统计表　　　　表1-3

桩　号	长度(m)	地层代号	洞室部位主要岩性	地层产状	洞段走向	穿越断层及异常带
K48+900～K50+179	1279	δo_5^2	石英闪长岩		SW260°	F_{w24-1}、F_{24-2}、F_{w3}、F_{w4}
K50+179～K56+200	6021	γ_5^2	花岗岩		SW260°	F_{w25-3}、F_{w25-1}、F_{w25}、F_{w25-2}、F_{y26}、F_{w26}、F_{28}
K56+200～K58+320	2120	T_3x	凝灰岩		SW260°	F_{y27}、F_{27}、F_{w27-1}、F_{w29-1}、F_{y29}
K58+320～K58+970	650	γ_5^2	花岗岩		SW260°	F_{w29-2}、F_{30}
K58+970～K60+220	1250	C_{1L}	凝灰质砂岩		SW260°	F_{w31-1}
K60+220～K62+374	2154	T_3x	凝灰岩		SW260°	F_{w31}、F_{31-2}、F_{w31-3}
K62+374～K63+884	1510	δ_4^3	闪长岩		SW260°	F_{w31-4}
K63+884～K65+978	2094	$C_{1-2}m$	灰岩	NW355°28′/NE∠42°	SW260°	F_{32-1}、F_{w32}、F_{32-2}
K65+978～K67+913	1935	$D_{1-2}cj$	灰岩、泥质粉砂岩	NW311°46′/NE∠35°	SW260°	F_{34}、F_{34-1}、F_{34-2}
K67+913～K71+046	3133	$C_{1-2}m$	灰岩、泥岩、砂岩	NW315°32′/NE∠30° NW336°13′/NE∠38°	SW260°	F_{w13}、F_{38-1}、F_{38-2}、F_{38}、F_{39}、F_{40-1}
K71+046～K71+216	170	C_1y	流纹质凝灰岩		SW260°	F_{40}、F_{w41}
K71+216～K71+466	250	γ_5^2	钠长斑岩		SW260°	F_{41}
K71+466～K71+855	389	γ_5^2、T_3d	砂砾岩、钠长斑岩		SW260° SW254°	F_{w41-2}

1.3.5　水文地质概况

线路区地表水由松花江水系控制,地表水总体由东南向西北、南向北流。较大河谷有岔路河及其支流石门子河。河水流量受季节影响较大。隧洞在桩号K62+273～K62+413从黄榆水库下穿过。

地下水主要靠大气降水补给,枯水期地表径流接受地下水补给,丰水期河水短时补给地下水。地下水以浅循环为主,在可溶岩及断层部位存在深循环。线路前半部分山势较高,地下水多以短径流,常以下降泉的形式在沟谷低处排出地表。

纵观隧洞沿线,发生涌水、突泥问题的洞段出现在如下一些部位:①河谷浅埋段,岔路河段;②构造发育的沟谷段,断层破碎带等;③灰岩岩溶较发育的沟谷浅埋段,小河沿沟谷段(K66+498～K66+803)、碱草甸沟谷段(K67+914～K68+280)等;④线路穿越、靠近水库段(黄榆水库)。其中:在TBM穿越小河沿段沟谷过程中,最大涌水流量为1200m³/h;在穿越七间房沟谷过程中,最大涌水流量达到1500m³/h。

1.4 吉林引松供水工程 TBM 施工关键技术挑战

吉林引松供水四标段采用国内首台自主研发、具有自主知识产权的 TBM，是中铁工程装备有限公司专门为本工程进行针对性设计制造的 TBM。同时本标段地质复杂，施工工程中遭遇多次涌水、突泥地质灾害，工程特点及难点主要体现在以下几个方面：

（1）TBM 穿灰岩及小溶洞群地层施工

根据地质资料，本标段 7km（实际揭露为 7.6km）为灰岩洞段，且局部洞段存在溶洞，TBM 掘进时存在偏机、栽头、刀盘被卡、涌泥掩埋盾体、涌水引起电器故障、收敛变形引起整机被卡等施工风险。因此，采取有效措施安全、顺利穿越灰岩段是本工程的重难点。

（2）TBM 通过断层破碎带施工

全线共穿越断层及低阻异常带 39 处（包括确定断层 17 条、物探异常带 19 条、遥感解译断层 3 条），其中 TBM 掘进段有 32 处，在岩性接触带，节理裂隙发育，岩体破碎，富水性强。对工程影响较大有 5 条，分别为 F_{w24-1}、F_{24-2}、F_{28}、F_{38}、F_{41}。TBM 在断层及破碎影响带中掘进时，存在围岩变形大，易造成塌方，掘进方向难以控制，TBM 撑靴落空无法推进等难题。

（3）涌水、突泥段施工

本标段最可能出现涌水、突泥的洞段及部位有：河谷、沟谷浅埋段，主要有岔路河河谷、北沟、小河沿沟、碱草甸沟，最大涌水流量达 1500m³/h。在灰岩地层，地下水主要以股状涌水为主，花岗岩、凝灰岩地层地下水主要以线装及滴渗水为主。涌水量太大，排水设备无法及时排出时，直接对 TBM 掘进造成损坏，重者将淹没设备。在岩石风化严重以及地下水发育的地层，很可能出现突泥地质灾害，可能会造成初期支护失稳、设备以及人员伤害，安全风险大。

第 2 章

敞开式 TBM 选型与适应性设计

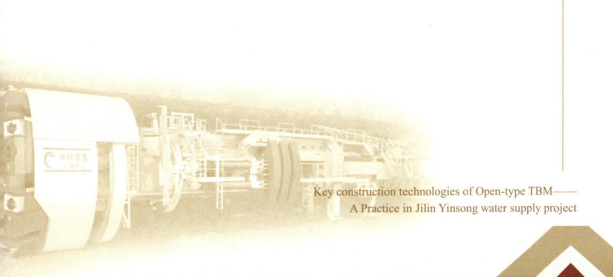

Key construction technologies of Open-type TBM——
A Practice in Jilin Yinsong water supply project

Key construction technologies of Open-type TBM—
A Practice in Jilin Yinsong water supply project

2.1 TBM 选型的依据及原则

采用 TBM 对隧道进行掘进施工时,选取适宜的 TBM 机型进行施工是影响工程成败最为关键的因素之一。影响 TBM 选型适应性的影响因素众多,本工程是在借鉴国内外研究成果的基础上,制订的相应 TBM 选型依据和原则。

2.1.1 TBM 选型依据

TBM 隧道安全高效掘进的关键与 TBM 本身的性能、隧址区工程地质条件及工程施工特点息息相关。TBM 主要遵循的选型依据如下:

（1）工程地质条件。包括地层岩性、围岩物理力学性质、围岩矿物含量等。

（2）水文地质条件。包括地下水发育及补给条件等。

（3）不良地质风险。包括隧道涌水量、岩溶、断层破碎带、瓦斯突起、岩爆、高地温及围岩大变形等。

（4）隧道断面的形状、几何尺寸,隧洞长度、坡度、转弯半径、埋深等设计参数。

（5）线路周边管线、环境条件、构筑物、沿线场地条件、基础形式及地下洞室的结构特性。

（6）隧洞进出口是否有足够的组装场地,是否具备大件运输、吊装条件,施工场地气候条件、水电供应、交通情况等地理位置环境因素。

（7）隧洞施工总工期、准备工期、开挖工期等隧洞施工进度要求。

（8）在同一区域范围内,已有的隧道变形监控量测资料,如钻爆法施工等。

（9）在对不良地质问题进行处理时,所具有的灵活性与经济性。

（10）施工队伍的技术水平和管理水平等。

2.1.2 TBM 选型原则

（1）安全性优先、工程特性适应、兼顾经济性。TBM 选型应遵循安全性、可靠性优先,技术先进性和经济性兼顾的原则进行。应选取适当超前且先进可靠的 TBM 技术,需满足隧道用途且符合隧道的工程特性,实现安全、经济、可靠三者的统一。

（2）环境条件要求。TBM 设备选型应符合隧道长度、外径、埋深、地质及洞口条件、沿线地形等环境条件的要求。应通过对隧道施工环境进行综合分析来完成 TBM 设备的选型,由于 TBM 性能是否能够充分的发挥,很大程度上是由水文工程地质条件决定的,其具有很强的地质针对性,对 TBM 隧道施工质量起着重要影响作用的因素是工程地质及水文地质条件,因此,是 TBM 选型的重要依据。

(3)质量、安全、造价及工期要求。TBM 设备的配置应尽量做到合理化、标准化;应依据工程项目的大小、难易程度、质量、安全、造价、工期、文明施工及环保等要求,在充分调研的基础上进行选型。

(4)主机后配套设备及系统。主机后配套设备及系统,应满足主机掘进速度与生产能力相匹配,以及效率高、能耗小、工作状态相适应等要求;同时又要满足结构简单、易于维护保养、布置合理及施工安全等要求。

2.2 影响 TBM 选型的地质因素分析

TBM 在深埋长大隧道施工中具有诸多优势,如快速、优质、高效、安全、环保、自动化、信息化程度高等,但同时也更容易受控于地质因素而影响施工。因此,影响 TBM 选型的地质因素从两方面考虑:TBM 适用性论证和 TBM 掘进效率。分析和研究不同的地质条件,需要设计满足不同施工要求的 TBM,配置适应不同要求的辅助设备。

2.2.1 影响 TBM 适用性论证的主要地质因素

(1)塑性地压大的软弱围岩。岩石强度低而周围压力高易产生围岩大变形。

(2)类沙性土构成的软弱围岩和具有中等以上膨胀性围岩段。一般不宜采用 TBM 施工。

(3)断层破碎带。主要指有碎裂岩与断层岩构成的宽大断层带。围岩自稳能力差或无自稳能力,而且大多富水,一般不宜采用掘进机施工或施工难度大。

(4)岩溶发育带。当隧道穿过岩溶强烈发育段,隧道极可能遭遇巨大的岩溶洞穴、充填溶洞或充水溶洞(如暗河等),TBM 掘进或通过都将极为困难,严重时有可能造成掉机、埋机等事故。

(5)富水段。若围岩为软弱围岩、断层带,严重的涌水将大大恶化围岩的工程地质条件,一般不宜采用 TBM 掘进。

2.2.2 影响 TBM 掘进效率的主要地质因素

(1)岩石单轴抗压强度 R_c。TBM 是利用岩石的抗拉强度和抗剪强度明显小于抗压强度而设计的,抗压强度 R_c 是决定 TBM 掘进难易程度的关键因素。一定范围内的 R_c 越大,掘进速度越慢。但 R_c 过小会影响围岩稳定性,反而影响掘进;R_c 过大会造成掘进难度加大。

(2)岩石硬度。通常以岩石的耐磨性和石英含量来反映。耐磨性和石英含量较高时,加大了对刀具的磨损,造成停机换刀的时间增长,增加施工成本,严重影响掘进进度。

(3)岩体完整程度。在其他地质条件相同或相近的情况下,岩体完整程度越高,掘进越困难。但当岩体过于破碎,以致围岩失去自稳能力,则会严重影响 TBM 施工。

(4)富水程度。TBM 在富水隧道中施工时,涌水较大极易造成洞壁及掌子面的坍塌,影响施工进度。同时,地下水直接冲淋设备,严重时会导致设备停止运行。

2.3 TBM 选型与配置

结合本工程距离长、工期紧、地质条件复杂等施工特点,TBM 选型与配置如下。

2.3.1 TBM 刀盘与刀具

(1)刀盘设计。中心块及边块采用锻造 270mm 厚板,刀盘法兰采用锻造 340mm 厚板,利于提高刀盘强度。

(2)刀座设计。所有滚刀座均采用超厚钢板经过一次性机加工工艺制造,整个部件无焊接,可有效地避免由于箱式焊接结构而产生的有害应力问题,大大提高了刀盘、刀座的结构强度,如图 2-1、图 2-2 所示。

图 2-1 边滚刀刀座

图 2-2 正滚刀刀座

(3)小刀间距设计(图 2-3)。共采用 56 把刀,中心刀刀间距 89mm,正滚刀刀间距为 75mm 和 80mm,刀盘的破岩能力较强。小刀间距不但利于破岩,还可以有效降低刀盘振动、延长刀具的使用寿命。

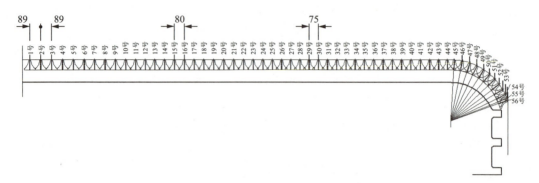

图 2-3　小刀间距设计（尺寸单位：mm）

（4）刀具采用非线性布置（图 2-4、图 2-5）。刀盘受力更均匀，避免较大的应力集中，利于延长刀盘寿命。在同等岩石强度的条件下，振动相对较小，利于降低刀具消耗。

图 2-4　非线性刀盘布置　　　　　　　　图 2-5　"永吉号"刀盘

2.3.2　主机系统

通过对 TBM 的精心维护和及时检修，使其满足以下要求。

（1）能保证在合同规定的工期内完成设计图纸和相关技术条款要求进行的全部隧道开挖、支护、衬砌及其他有关工作，并保证交付使用的工程质量满足设计要求。

（2）TBM 具备精准的导向功能和调整方向的能力，并保证隧洞沿轴线方向水平及竖直的姿态偏差在允许范围内。所配置的自动导向系统应具有数据储存和远程传输功能，能保证连续运行、数据可靠；能精确地测出 TBM 与设计轴线的偏差，并能同步反映 TBM 盾体的姿态。

（3）TBM 具备电子监测控制系统，能迅速地根据检测的数据发现和纠正运行偏差，以满足掘进的工作质量，并具有联锁和安全保护功能，从而可保证设备和操作人员的安全。具体要求包括以下两点：

①控制系统先进、可靠、便于操作，能够准确地显示掘进参数、工作时间、停机时间和各

系统的工作参数、主要辅助设备的工作参数,具有故障诊断、显示和报警功能。

②所有与掘进工作有关的数据,如刀盘转速、扭矩、推进速度、推力、拉力、液压缸行程、支撑力、温度、压力、流量、瓦斯浓度等均能够传送到 PLC 系统上,并能及时传送到控制台、显示器和 PC 主机。

（4）掘进机施工洞段标定开挖直径为 7.9m,TBM 开挖直径具有可调节功能,刀盘具有扩挖的功能,径向最大扩挖量为 30mm。在遇到刀头磨损严重、洞体开挖后变形较大等情况时,仍能保证其洞径满足设计开挖直径的要求。

（5）TBM 的前进推力、切削扭矩、刀头旋转、前进速度能恰当控制并留有余地,能适应隧洞工程岩石硬度变化的需要。

（6）TBM 具有定时对地下有害气体（如瓦斯）进行监测的功能,有利于做好人员的安全防护工作。TBM 所配置的瓦斯检测系统能实现连续检测。

（7）保证通风和控制粉尘,以保持有关法规要求的适宜的操作环境条件。

（8）TBM 具备防止突发性涌水和及时排水的功能。

2.3.3　后配套及出渣系统

掘进机和其后配套的各类设备、设施持续保持完好和协调的工作能力。灌浆泵及相关设备有一定的备用能力,以防各施工作业脱节。

（1）TBM 后配套及出渣系统按满足 TBM 最高掘进进度配置。

（2）后配套系统是由设备桥、拖车和连续皮带输送机构成,布置紧凑合理,能为物料进出提供最大的便利。后配套钢结构有足够的强度和刚度,拖车长度满足现场组装和施工的条件。后配套拖车留有足够的内部空间,设备布置人性化,便于列车进出。设备桥的设计便于安装相关的辅助设备、设施,并设置有便于人员行走的带护栏的平台。工作人员从任何区域都能很容易地到达安全地带。后配套设备布置预留导向视窗,确保导向系统的全站仪正常工作而不受阻碍。

（3）后配套拖车是 TBM 重要的组成部分,作为钢结构焊接件,拖车是动力设备、辅助设备、桥式/后配套皮带输送机、通风设备及电缆卷筒的载体。拖车在隧道内铺设的轨道上滚动行走,拖车之间是通过铰接的连接轴连接。每节拖车都配置人行通道和防护栏杆以确保人员的工作和通行安全。拖车和后配套机构上都安装有楼梯和工作平台,方便工人操作。

（4）TBM 在隧道施工中能取得高速掘进和高的利用率,是由于使用了高效的连续皮带输送机出渣系统,连续皮带输送机系统是将渣土由掘进机直接运至洞口或支洞皮带输送机上,中途无须转运。本工程施工进度要求高,虽然连续皮带输送机设备成本高,但是其运输能力强,传输效率高,采用连续皮带输送机运输更能满足系统的运输要求,因此,采用连续皮带输送机运输方式。皮带输送机的输送能力满足最高掘进进度的需要,并具有自动清理、刮渣、防跑偏、耐磨、防滑、调节皮带松紧等功能。受地质原因影响不宜频繁更换皮带输送机及其附件,因此,皮带输送机输送系统应具备耐磨损、使用寿命长等特点。同时,皮带输送机还应具有适当的调速功能。

(5)出渣运输系统通过掘进循环进尺控制、车辆调度或设置错车道岔等有效措施,优化配置,提高出渣效率,使之与掘进进度相匹配。

2.3.4 隧道支护系统

(1)隧道支护系统主要包括网片安装系统、拱架安装系统、锚杆钻机系统、运输通道、工作平台等设备和设施。支护系统中各设备及设施的主要功能、工作范围和工作能力满足各类围岩支护工艺的要求,支护速度与 TBM 最高掘进速度相匹配。

(2)钢拱架安装器布置在顶护盾下面,以便在顶护盾的保护下及时支立钢拱架。钢拱架是由型钢制作的多段钢拱片拼装而成的,安装器需要完成旋转拼装、顶部和侧向撑紧、底部开口张紧封闭等动作。钢拱架安装器由以下结构组成。

①钢拱架供给机构:将钢拱架转接到安装器内。

②安装环:通过液压马达驱动进行旋转,完成多块拱架的拼接。

③拱架移动机构:将钢拱架从拼装机构中取出,并将拱架撑开,定位于需要固定的位置。

④钢拱架撑紧机构:最终将钢拱架撑紧定在隧道岩壁上。

⑤操作平台:为工作人员完成拱架的安装提供工作平台。

安装器可以安装分成几段的环形钢拱架,进行提起、旋转、就位、纵向移动和径向收缩运动。钢拱架安装器所有的操作都在支撑护盾后面的控制台上直接液压控制完成。钢拱架安装全过程都在指护盾保护下完成。

(3)TBM 为了稳定和保护装备,在顶护盾的尾端安装了钢筋网槽形护盾,可以在安装锚杆,安装钢拱架时起安全防护作用。钢筋网就储存在设备桥架上,需要的时候随时能通过物料运输系统运送到顶护盾处,再通过人工安装在顶护盾的槽内,起到初步支护的作用。

(4)TBM 在主机 L1 区配置两台锚杆钻机,分别位于护盾后面主梁两侧,可以在掘进机掘进过程中同步进行围岩加固、钢筋网、钢拱架安装需要的岩石锚杆作业。锚杆钻机安装在环形梁上,由液压马达驱动完成回转运动,安装在主梁上的轨道可以满足锚杆钻机沿掘进方向完成一定距离的移动,实现设计施工图纸的锚杆布设要求。

(5)在 TBM 主机前段预留混凝土喷射接口,潮喷机将混凝土从设备桥上引到该喷射口处,可以直接在护盾的后面进行喷浆作业。

湿喷需要添加大量的速凝剂,对人员及设备会造成巨大的损害,因此本工程不采用湿喷,在设备桥布置潮喷机。同时,潮喷混凝土更适应潮湿的隧道岩面,能够较快地形成一定的强度。潮喷机布置于设备桥下方,需要应急喷混时,平板车将干喷料运至设备桥下方,然后通过折臂起重将干喷料转运至潮喷机的上方,供应干喷机使用。

2.4 TBM 适应性设计与评价

2.4.1 刀盘的地质适应性设计

本工程隧洞穿越地质条件复杂、围岩强度变化大，要求 TBM 刀盘和刀具既能适应最大饱和抗压强度为 100MPa 的硬岩掘进又能适应饱和抗压强度为 2MPa 的软岩掘进，且刀盘和刀具应具有高的耐磨性能，以减少刀具更换的频次，实现连续快速掘进。所选的 TBM 在刀盘设计和刀具配置时已充分体现出很强的针对性，主要表现在：

（1）封闭的刀盘能有效地支撑掌子面，有利于防止在围岩稳定性较差的地层出现围岩大面积坍塌问题，为人员在刀盘内检查、更换刀具提供安全保障。

（2）刀盘面板上设置了 2 个人孔，人员可以通过人孔进入掌子面排除障碍物，并及时观察掌子面前方地质情况。

（3）刀盘设计为顺时针方向单向旋转开挖，出渣均匀。刀盘的周边布置有 8 个出渣口，出渣口的一边装有若干个铲斗，铲斗由耐磨材料制成。刀盘具有针对性的耐磨设计，在进渣口焊接耐磨复合钢板；在刀盘的前面，焊接有多块耐磨复合钢板，以保护刀盘盘体。

（4）刀盘的结构为重型焊接钢结构，以适应长距离隧道作业和硬岩地质条件；使用厚钢板，充分考虑了滚刀破岩时较高的动态载荷。中心块及边块采用锻造 270mm 厚钢板，刀盘法兰采用锻造 340mm 厚钢板，焊缝进行严格的探伤检查。在开始加工之前，刀盘的设计需要使用有限元分析计算预计的恶劣工况载荷。所有法兰面都经过了机加工处理，并用专用螺栓连接，保证刀盘具有足够的强度和可靠性。

（5）刀具采用非线性布置，使刀盘受力更均匀，避免较大的应力集中，利于延长刀盘寿命，在同等岩石强度的条件下，刀具振动相对较小，利于降低刀具消耗。

（6）采用小刀间距设计，中心刀刀间距 89mm，正滚刀刀间距为 75mm 和 80mm，刀盘的破岩能力较强。小刀间距不但利于破岩，还可以有效地降低刀盘振动、延长刀具的使用寿命。

（7）通过刀盘上的喷嘴对掌子面喷水来降低灰尘，同时冷却刀具。喷嘴安装在大的喷嘴座上，另焊接耐磨板，可避免被碎石堵塞和砸坏。进水通道使用橡胶软管，避免钢管在刀盘的振动下开裂；所有管路均用重型钢结构保护，避免损坏。

2.4.2 变频电机驱动适应性设计

刀盘驱动方式对 TBM 施工非常重要，变频驱动具有可靠性高、传动效率高、能耗经济、针对不同的围岩具有良好的变速性破岩能力等优点,因此,本工程刀盘驱动采用变频电机驱动方式。

刀盘可以双向旋转,顺时针旋转用于掘进,在换刀和脱困时可以逆时针手动低速旋转。TBM掘进过程中,在硬岩区、地质稳定、均匀的地层采用高转速,以获得较高的掘进速度;在软岩区、地质不均、不稳定地层采用低转速,以获得较大的扭矩,同时可以更好地保护刀具,保持掘进的连续性。

2.4.3 长距离掘进适应性设计

本工程TBM连续掘进距离长(17.5km),需保证TBM具有良好的可靠性、使用性和配套系统是本工程成功的关键。本工程选用的TBM具有以下优点:

(1)TBM关键部件设计寿命满足工程需要。主轴承设计寿命和主驱动组件设计寿命均大于15000h,可连续掘进20km以上,能满足本工程的需要。

(2)技术具有先进性。TBM上大量采用变频、液压、控制、导向等领域的新技术,其控制系统的底端全部由可编程控制器(PLC)直接控制,上端由上位机进行总体控制。TBM的数据采集系统可以记录TBM操作全过程的所有参数。整机液压系统大量采用比例控制、恒压控制、功率限止等先进的液压控制技术。TBM电气、液压系统部件全部采用国际知名品牌,保证良好的质量和使用性能,增加可靠性。

(3)TBM操作及维护要便捷。TBM设计时考虑了操作、维护简单,具有故障自动诊断和显示功能,能保证在最短的时间内解决故障,为连续快速掘进创造条件。

(4)精确方向控制有保障。长距离施工要求TBM具有良好的方向控制能力,以保证线路方向误差控制在规定的范围内。TBM方向的控制包括两个方面:一是TBM本身能够自动纠偏,二是采用先进的激光导向技术降低方向控制误差。TBM主推进液压缸和辅助推进液压缸均分为4组,能分区域单独控制,使TBM具有良好的转向和纠偏性能。装备的PPS导向系统能精确反映TBM主机的方位和姿态,使主司机能精确地控制TBM掘进方向。

2.4.4 辅助系统及后配套适应性设计

(1)改移水管卷筒

①改造的必要性:由于水管卷筒配置在15号拖车上,拖车后为加利福尼亚道岔,延伸水管时多处阻挡,耽误延伸时间,从而影响了TBM掘进效率。

②改造的措施:将水管卷筒挪移至斜坡轨位置,直接与后方水管连接,减少了延伸水管的时间,如图2-6所示。

(2)更换后部拖车平台立柱支撑

①改造的必要性:由于高压电缆挂设在右侧边墙上,在延伸电缆过程中到达后部拖车平

台立柱时,需人工将放置在平板上的电缆绕过立柱重新放置在平板上,因此耽误延伸电缆的时间,影响 TBM 掘进效率。

②改造的措施:将立柱影响部分割断,使用单根小型的立柱作为支撑,延伸电缆时使用千斤顶将上部立柱撑起,将单根小型的立柱取出,电缆从此处通过,通过后再将小型立柱安放至原位置,如图 2-7 所示。

(3)喷混凝土管路的改装

①改造的必要性:TBM 自带的喷混凝土管路较长,经常出现堵管现场,影响 TBM 掘进效率。

图 2-6　水管改移至斜坡轨

②改造的措施:缩短喷混凝土管路,并在喷混凝土嘴附近焊接软管支撑,减少了喷混凝土过程中软管弯折造成堵管的影响时间,从而提高了掘进效率。改造后的管路如图 2-8 所示。

图 2-7　更换后部拖车平台立柱支撑

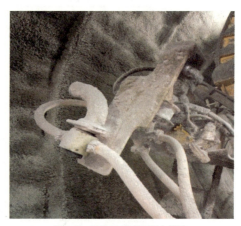

图 2-8　改造后的喷混凝土管路

2.5 TBM 现场组装与始发

2.5.1　TBM 现场组装

TBM 工地组装是 TBM 施工组织中极为重要的工作,项目部在 TBM 出厂前一个月编制工地组装方案报监理人批准后实施。根据现场情况,TBM 工地组装拟按以下方案实施。

(1)TBM 组装工作主要包括主机部分组装、后配套部分组装和连续皮带输送机组装。其中,TBM 主机和后配套组装在主洞出口处洞外完成,连续皮带输送机组装在其安装位置进行。为减少大件倒运次数,TBM 组装采用边组装边运输的组装方案。

(2)TBM 在洞外组装洞室完成,在组装区安装一台 2×75t 门式起重机,用于主机各部件和后配套的组装。主机组装完成后,将主机向前步进,进行后配套组装。

TBM 主机组装流程见图 2-9,TBM 主机组成见图 2-10。

图 2-9　TBM 主机组装流程

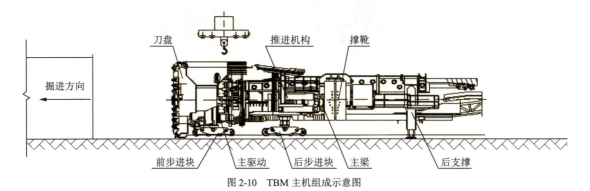

图 2-10　TBM 主机组成示意图

2.5.2　TBM 调试

TBM 掘进机调试分两个阶段,第一阶段是在主机和后配套分别组装完成之后进行,调试内容包括辅助设备的单机调试、电气和液压系统调试及 TBM 掘进机整机调试。第二阶段是在连续皮带输送机和支洞皮带输送机组装完成后,进行的联机调试。

(1)组织机构

参与 TBM 掘进机组装的人员要具备一定的专业知识,并经过组装培训,严格按照技术要求组装设备,确保组装质量。组装、调试工作的组织机构。

(2)劳动力组织

TBM 组装过程复杂、周期长、技术要求高,采用三班制作业。由于主机和后配套的组装分别在不同的区域进行,要求各组装小组的技术人员负责组装技术和质量的把关,以技术工人为骨干,确保组装计划按期完成。组装、调试期间的劳动力组织见表2-1。

组装、调试劳动力组织表　　　　　　　　　　　　　表2-1

班　　组	班　　制	组装人员配备(人)		备　　注
机械组	三班制	技术人员	6	
		技术工人	24	
液压组	三班制	技术人员	3	
		技术工人	9	
电气组	三班制	技术人员	3	
		技术工人	9	
供应组	三班制	技术人员	3	含运输车辆司机
		技术工人	15	
协调组	三班制	3		
保卫组	三班制	3		
人员合计		78		

2.5.3　TBM 始发

(1)TBM 始发总体方案

引松 TBM 是洞外组装,且场地条件有限,所以采取边组装边步进的方式,直至整机组装完成并进行调试之后,TBM 将进入单一的步进和隧道内辅助管线等的安装,最后进入始发洞,通过撑靴动作完成始发至弧形底板段,拆掉步进机构,继续利用撑靴将刀盘推至掌子面开始准备掘进前的姿态调整,完成 TBM 的步进及始发作业。

(2)TBM 步进及始发人员配置

TBM 步进及始发作业拟用两班轮换作业,每班 12h。人员配置情况见表2-2。

步进始发作业人员配置　　　　　　　　　　　　　表2-2

序号	岗　位	工 作 内 容	配备人员(人)	备　注
1	机械技术员	保障机械、液压系统的正常运行	1	
2	主司机	步进机构的操作	2	
3	工程技术员	给予步进过程的工程技术保障	1	
4	班长	全面安排步进班组内事务	1	
5	电工	保障步进机构的电气系统运行正常	1	

续上表

序号	岗 位	工 作 内 容	配备人员（人）	备 注
6	机修工	保障步进系统正常运行	2	
7	普工	转运及安装钢枕	6	
8	机械工	步进机构	4	
9	普工	安装通风管管沟、水管、电缆	2	

（3）TBM步进及始发辅助机材配置

步进始发作业所需的机材配置情况见表2-3。

步进作业材料工具配置　　　　　　　　　　　　　　　　表2-3

序号	名 称	规 格 型 号	单位	数量	备 注
1	轨排	I18型钢，长1.5m	根	560	运输车辆行走轨延伸
2	钢轨	43kg/m	m	1400	运输车辆和后配套行走轨
3	支墩	自加工	个	700	后配套拖车行走轨延伸
4	焊管	$\phi 150$	m	250	排水管延伸
5	焊管	$\phi 100$	m	250	进水管延伸
6	电缆	铜芯 $25 \times 3 + 16$	m	400	步进机构和电动葫芦动力电缆
7	电缆	铝芯 $50mm^2$	m	1000	照明电缆
8	电缆	铝芯 $16mm^2$	m	300	照明电缆
9	高压电缆	95×3	m	400	调试、始发动力电缆
10	轨道压板螺栓	$M16 \times 60$	套	2000	运输车辆行走轨延伸
11	压板		块	2000	轨道延伸
12	润滑脂	钙基脂	kg	18	步进机构润滑
13	螺纹钢	$\phi 18$	kg	1600	轨排固定
14	梅花棘轮扳手	19mm、24mm、27mm、32mm	把	各4	轨道延伸

（4）TBM步进及始发前土建工程保证措施

①TBM步进前，需对步进洞段、始发洞段隧洞净空、导向槽、底板混凝土质量等进行检查验收，确保隧洞净空符合TBM步进及始发要求，确保隧道底板混凝土强度满足TBM承载力要求，确保导向槽内无杂物、内侧壁无缺陷。对因调压井施工造成的一些缺陷严格按处理措施进行处理。

②步进及始发前完成洞内除冰措施，并保证隧洞内无结冰或大面积积水。

③对于在步进机构净空内的预留基坑进行回填处理，完成始发洞的弧形底板施工，且保证弧形底板及导轨的精度。

（5）步进及始发流程

步进及始发流程见图2-11。

①TBM在步进前需确认的事项。

a.TBM步进前确保TBM完成调试，各操作手、步进人员、机具全部准备到位。

b.给步进泵站供电，调试步进机构液压系统泵站各项参数，检查管路、线路连接是否正确。

c. 进一步确定步进作业指挥员、步进机构操作手,步进工序讲解。

d. 准备好步进作业通信所需的手持式对讲机(不少于4部)。

e. 各辅助轨线轨枕、方木、钢板垫块等准备到位。

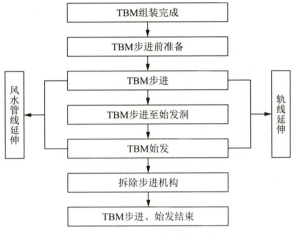

图 2-11 TBM 步进及始发流程

② 步进过程。

a. 确认步进前工作准备完毕,将主推液压缸、步进千斤顶、步进液压缸、步进连杆、后支撑各状态恢复至如图 2-12 所示的状态。

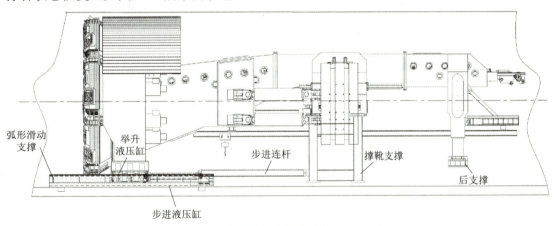

图 2-12 步进初始状态

b. 启动步进泵站,按下推进液压缸按钮,开始推行 TBM。需遵循以下注意事项:步进指挥员时刻观察底护盾与步进机构连接面的滑动情况,出现问题及时发出指令信号;步进操作员与指挥员时刻保持通信畅通,并时刻注意观察主推液压缸行程是否完毕;步进完成 1.8m 行程,按下停止按钮,如图 2-13 所示。

c. 安装举升液压缸,并操作千斤顶,使底护盾抬离步进机构底板约 20mm,并锁定千斤顶;再通过步进泵站阀组放下后支撑,使后支撑底部撑靴撑紧在步进平面上,并达到设定压力后锁定。操作员应时刻关注后支撑液压系统压力变化,及时补充压力,直至将鞍架临时支撑抬离地面 20mm 以上，如图 2-14 所示。

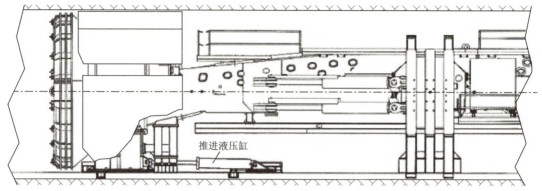

图 2-13　步进行程 1.8m

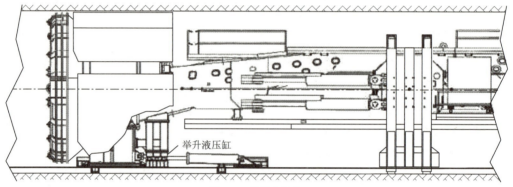

图 2-14　抬升底护盾

d. 操作主推推进液压缸回收手柄，使主推液压缸收回一个行程长度，主推液压缸回收过程中将拉动鞍架连同临时支持一同前进，从而通过连杆传递作用力使步进推进液压缸缩回，实现步进循环复位。

e. 释放步进千斤顶压力，放下底护盾压在步进机构底板上，并提升千斤顶使之脱离地面 20mm；慢慢回收后支撑，直至底部程序脱离地面 20mm。步进状态复位，延伸步进钢轨，如图 2-15 所示。

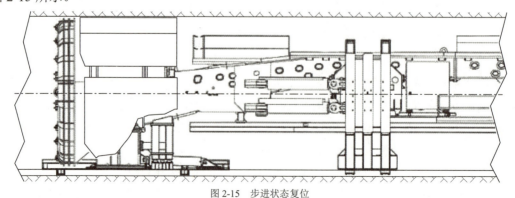

图 2-15　步进状态复位

f. 按照以上流程开始下一循环的步进作业。

2.6 小结

通过本章研究可得出如下结论:

(1)通过查阅文献制订了 TBM 选型的依据和选型原则。

(2)针对本工程隧洞距离长、工期紧、地质条件复杂等施工特点,开展了 TBM 选型研究,提出了满足本工程施工的隧道支护系统、后配套及出渣系统等。

(3)TBM 设备的针对性设计制造为 TBM 在复杂地质条件下掘进提供了便利条件,提高了 TBM 掘进效率。

(4)通过对水管卷筒改移、更换后部拖车平台立柱支撑、喷混凝土管路的改装,以及对长距离连续皮带出渣系统的优化,减少了 TBM 掘进过程中高压电缆延伸的时间及设备的故障率,同时提高了 TBM 的掘进效率。

第 3 章

TBM 快速掘进施工关键技术

Key construction technologies of Open-type TBM——
A Practice in Jilin Yinsong water supply project

Key construction technologies of Open-type TBM——
A Practice in Jilin Yinsong water supply project

本项目 TBM 于 2015 年 6 月 1 日始发掘进,于 2015 年 12 月 1 日在碱草甸子首次阶段性贯通,完成了出口—碱草甸子段,长 3125m 的掘进任务;2016 年 2 月 18 日在小河沿第二次阶段性贯通,完成碱草甸子—小河沿段,长 1564m 的掘进任务;2016 年 8 月 12 日在 8 号支洞第三次阶段性贯通,完成小河沿段—8 号支洞,长 3886m 的掘进任务,标志着 TBM 第一掘进段的施工任务完成。据统计,有效掘进时间为 14 个月,累计掘进 8575m,平均月进尺 613m。第二掘进段自 2016 年 12 月 6 日始发掘进,于 2017 年 6 月 18 日,完成 8 号支洞—3 号竖井,长 4471m 的掘进任务;2018 年 1 月 22 日完成 3 号竖井—7 号支洞,长 4442m 的掘进任务。即第二掘进段的施工任务完成,标志着引松供水四标段开挖施工全部完成。

从 TBM 自始发掘进以来,在连续掘进过程中创造了最高单班进尺 40.4m,最高单日进尺 70.8m,最高单周进尺 365m,最高单月进尺 1318.7m 的较好成绩,创造了开敞式 TBM 掘进月进尺的全国纪录。同时,在国内没有灰岩地层 TBM 施工经验可借鉴的情况下,项目通过科学合理的施工组织、严格的现场问题反馈及处置机制、完善的工序考核及工序衔接、积极的技术创新及科研,成功穿越了长 7600m 的灰岩岩溶地层,实现了国内同条件施工的历史性突破。掘进月进度详见表 3-1。

TBM 掘进月进度统计表　　　　　　表 3-1

日期	2015 年						
	6 月	7 月	8 月	9 月	10 月	11 月	12 月
长度(m)	199.7	546.4	721.3	718.3	425.3	492.6	669.4
日期	2016 年						
	1 月	2 月	3 月	4 月	5 月	6 月	7 月	8 月
长度(m)	560.8	355.2	125.2	367.7	1226	650.8	988	543.3
日期	2016 年	2017 年						
	12 月	1 月	2 月	3 月	4 月	5 月	6 月	7 月
长度(m)	820.8	868.7	848	760.6	753	224.2	195.6	514.8
日期	2017 年					2018 年
	8 月	9 月	10 月	11 月	12 月	1 月
长度(m)	691.8	552.7	649.6	1318.7	435.8	339

3.1 TBM 掘进速度影响因素分析

3.1.1 地质条件

1)TBM 在凝灰岩地层中掘进参数及适应性分析

(1)敞开式 TBM 掘进参数分析

凝灰岩为主的洞段掘进参数抽样统计,见表 3-2。

凝灰岩为主的洞段掘进参数抽样统计　　　　　　表 3-2

序号	桩号	掘进速度(mm/min)	刀盘扭矩(kN·m)	刀盘转速(r/min)	贯入度(mm/rev)	推进压力(bar)	撑靴压力(bar)
1	K58+926	65	2450	7.2	9	156	285
2	K58+922	70	2550	6.8	10	152	286
3	K58+918	70	2380	6.8	10	135	290
4	K58+914	72	2420	6.9	10	126	294
5	K58+910	74	2610	6.7	9	138	298
6	K58+906	68	2580	6.8	9	142	295
7	K58+902	65	2520	6.5	9	136	294
8	K58+898	70	2620	6.5	10	130	286
9	K58+894	75	2650	6.5	11	130	294
10	K58+890	72	2620	6.5	11	125	295
11	K58+886	75	2620	6.5	12	130	284
12	K58+882	72	2650	6.4	10	120	287
13	K58+878	71	2340	6.2	11	145	293
14	K58+874	69	2010	6	11	147	292
15	K58+870	65	2180	6	11	165	287
16	K58+866	66	2580	6	12	180	300
17	K58+862	70	2450	7	10	168	295
18	K58+858	65	2950	7.1	9	171	298
19	K58+854	62	2780	7.1	10	170	292
20	K58+850	62	3000	6.8	10	195	293
21	K58+846	62	3070	6.8	10	192	293
22	K58+842	60	2950	6.5	11	185	292
23	K58+840	60	3020	6.5	10	175	295
合计		1560	60000	152.1	235	3513	6718
平均数		68	2609	6.6	10	153	292
范围值		60~75	2010~3070	6~7.2	9~12	120~195	284~300

注：1bar=0.1MPa。

由表 3-2 随机采集的数据分析,结合现场实际 TBM 掘进情况,可分析得出：敞开式 TBM 在凝灰岩洞段掘进施工,刀盘转速保持在 6~7.2r/min 范围内,刀盘扭矩在 2010~3070kN·m 范围内,掘进速度为 60~75mm/min,贯入度为 9~12mm/rev,推进压力为 120~195bar；平均掘进速度为 68mm/min,平均贯入度为 10mm/rev,平均推进压力为 153bar。凝灰岩洞段绝大部分岩体完整性好,岩石强度适中,掘进过程中敞开式 TBM 掘进参数处在快速、高效掘进范围,适宜掘进。

(2)敞开式 TBM 在该地层条件下的适应性评价

在节理裂隙发育、围岩完整性好的凝灰岩地质条件下,敞开式 TBM 适应性很好,掘进施工效率较高。

2）TBM 在凝灰质砂岩地层中掘进参数及适应性分析

（1）敞开式 TBM 掘进参数分析

以凝灰质砂岩为主的洞段掘进参数抽样统计见表 3-3。

凝灰质砂岩为主的洞段掘进参数抽样统计　　表 3-3

序号	桩号	掘进速度（mm/min）	刀盘扭矩（kN·m）	刀盘转速（r/min）	贯入度（mm/rev）	推进压力（bar）	撑靴压力（bar）
1	K58+034	67	2364	6.4	10	169	262
2	K58+028	55	2700	7.2	8	205	294
3	K58+022	50	2500	6	10	150	272
4	K58+016	72	1520	6.2	11	100	233
5	K58+010	68	2500	6.8	10	170	232
6	K58+004	50	2600	7.4	7	220	313
7	K57+998	77	2900	7.2	11	180	289
8	K57+992	49	2700	7.1	7	220	288
9	K57+986	58	2839	6.6	7	198	325
10	K57+980	51	2556	7	8	199	313
11	K57+974	76	2730	6.9	10	150	269
12	K57+968	70	2650	7	10	145	308
13	K57+962	74	2350	7.2	11	128	313
14	K57+956	74	2600	6.5	11	130	318
15	K57+950	70	1800	6.5	10	110	254
16	K57+944	72	1850	7	10	135	241
17	K57+938	68	1923	6.6	11	135	238
18	K57+932	63	1910	6.9	11	148	242
19	K57+926	56	1762	6.9	11	128	286
20	K57+920	68	1756	6.8	10	122	289
合计		1288	46510	136.2	193	3142	5579
平均数		64	2326	7	10	157	279
范围值		49～77	1520～2900	6～7.4	7～11	100～220	232～325

由表 3-3 随机采集的数据分析，结合现场实际 TBM 掘进情况，可分析得出：敞开式 TBM 在凝灰岩洞段掘进施工，刀盘转速保持在 6～7.4r/min 范围内，刀盘扭矩在 1520～2900kN·m 范围内，掘进速度为 49～77mm/min，贯入度为 7～11mm/rev，推进压力为 100～220bar；平均掘进速度为 64mm/min，平均贯入度为 10mm/rev，平均推进压力为 157bar。凝灰质砂岩洞段围岩强度和完整性适中，从敞开式 TBM 掘进参数来看，适合快速掘进。

（2）敞开式 TBM 在该地层条件下的适应性评价

在节理裂隙发育、围岩完整的凝灰质砂岩地质条件下，敞开式 TBM 具有很好的适应性，掘进施工效率较高。

3）敞开式 TBM 在花岗岩地层中掘进参数分析

（1）Ⅱ类花岗岩

Ⅱ类花岗岩为主的洞段掘进参数抽样统计见表 3-4。

Ⅱ类花岗岩为主的洞段掘进参数抽样统计   表 3-4

序号	桩号	掘进速度（mm/min）	刀盘扭矩（kN·m）	刀盘转速（r/min）	贯入度（mm/rev）	推进压力（bar）	撑靴压力（bar）
1	K57+738	21	1662	7.3	3	202	332
2	K57+736	39	2832	7.2	5	235	328
3	K57+734	41	2732	7.2	5	236	323
4	K57+732	32	2850	7.2	6	230	318
5	K57+730	35	2980	7.4	6	245	320
6	K57+728	35	2980	7.2	6	240	318
7	K57+726	28	2980	6.2	4	248	318
8	K57+724	24	2500	6.2	4	245	315
9	K57+722	18	1800	7	4	240	312
10	K57+720	20	1907	6.8	3	238	306
11	K57+718	30	2300	7.2	3	240	306
12	K57+716	28	2100	6.5	3	228	305
13	K57+714	32	2452	7.4	4	244	331
14	K57+712	37	2441	7.3	5	230	316
15	K57+710	40	2470	7.3	5	232	322
16	K57+708	44	3081	7.2	5	247	322
17	K57+706	35	2776	7.2	5	238	321
18	K57+704	31	2008	7.2	4	245	323
19	K57+702	36	2682	7.2	5	223	335
20	K57+700	47	2453	7.2	8	238	326
21	K57+698	56	2484	7	8	192	319
合计		709	52470	148.4	101	4916	6716
平均数		34	2499	7	5	234	320
范围值		18～56	1662～3081	6.2～7.4	3～8	192～248	305～335

由表 3-4 随机采集的数据分析，结合现场实际 TBM 掘进情况，可分析得出：TBM 在Ⅱ类花岗岩为主的洞段掘进施工，刀盘转速保持在 6.2～7.4r/min 范围内，刀盘扭矩在 1662～3081kN·m 范围内，掘进速度为 18～56mm/min，贯入度为 3～8mm/rev，推进压力为 192～248bar；平均掘进速度为 34mm/min，平均贯入度为 5mm/rev，平均推进压力为 234bar。岩石强度高，完整性好，掘进施工效率较低，不适合快速掘进。

（2）Ⅲ类花岗岩

Ⅲ类花岗岩为主的洞段掘进参数抽样统计见表 3-5。

Ⅲ类花岗岩为主的洞段掘进参数抽样统计

表 3-5

序号	桩号	掘进速度（mm/min）	刀盘扭矩（kN·m）	刀盘转速（r/min）	贯入度（mm/rev）	推进压力（bar）	撑靴压力（bar）
1	K58+024	68	2900	7	11	170	301
2	K58+016	53	3000	7.2	10	220	306
3	K58+008	44	2700	7.2	7	238	306
4	K58+000	64	2600	7	10	143	320
5	K57+992	62	3100	7	9	180	321
6	K57+984	66	3100	7.2	9	180	326
7	K57+976	62	3180	7.2	8	210	327
8	K57+968	65	2550	7	9	195	313
9	K57+960	50	900	6.4	8	62	331
10	K57+952	60	3000	7.2	9	162	298
11	K57+944	48	2920	7	9	215	322
12	K57+936	58	2900	7.2	8	198	316
13	K57+928	74	3000	7.2	10	185	319
14	K57+920	50	2900	7.2	7	210	332
15	K57+912	48	3000	7.3	5	230	314
16	K57+904	30	2340	7.2	3	245	319
17	K57+896	47	3000	7.2	6	225	314
18	K57+888	32	1902	7.4	4	232	320
19	K57+880	62	2654	6.9	10	182	331
20	K57+872	38	2780	7.4	5	248	323
21	K57+864	60	2820	7.2	8	200	316
22	K57+856	40	2600	7.2	5	235	321
23	K57+848	35	2432	7.5	5	234	319
24	K57+840	45	2253	7.3	6	220	326
25	K57+832	68	1750	7.2	9	110	314
26	K57+824	70	2500	6.5	10	162	298
27	K57+816	51	2700	7.2	7	230	325
28	K57+808	64	2700	7.3	8	182	329
29	K57+800	60	2872	7	9	195	314
30	K57+792	72	2720	6.8	10	140	321
31	K57+784	62	2880	7.2	8	220	321
32	K57+776	40	2600	7.4	5	210	276
33	K57+768	36	2131	7.2	5	224	324
34	K57+760	22	2100	7.3	4	248	322
35	K57+752	65	2690	7.3	11	141	252

续上表

序号	桩号	掘进速度(mm/min)	刀盘扭矩(kN·m)	刀盘转速(r/min)	贯入度(mm/rev)	推进压力(bar)	撑靴压力(bar)
36	K57+744	55	2000	7.2	7	202	267
37	K57+736	50	2500	7.2	7	212	270
38	K57+728	32	2400	7	3	246	319
39	K57+720	21	1500	7.1	7	190	223
40	K57+712	72	2200	7	12	130	289
41	K57+704	69	2100	7	9	160	289
42	K57+696	56	2931	7.1	8	208	315
43	K57+688	65	1780	6.5	9	143	322
44	K57+680	55	2650	7.2	9	190	322
45	K57+672	39	2700	7.2	5	230	330
46	K57+664	42	2700	7.2	6	230	320
47	K57+656	62	2432	6.6	11	162	269
48	K57+648	57	2937	7.2	7	197	271
49	K57+640	69	1550	7.2	8	100	312
50	K57+632	73	1620	6.1	10	90	314
51	K57+624	72	1700	6.2	12	100	233
52	K57+616	72	1500	6	12	100	232
53	K57+608	75	2000	6.5	11	147	269
54	K57+600	72	2300	6.6	12	96	281
55	K57+592	75	1900	6.6	11	132	272
合计		3054	135574	386.7	443	10146	16756
平均数		56	2465	7	8	184	305
范围值		21～75	900～3180	6～7.5	3～12	62～248	223～332

由表3-5随机采集的数据分析,结合现场实际TBM掘进情况,可分析得出:TBM在Ⅲ类花岗岩为主的洞段掘进施工,刀盘转速保持在6～7.5r/min范围内,刀盘扭矩在900～3180kN·m范围内,掘进速度为21～75mm/min,贯入度为3～12mm/rev,推进压力为62～248bar,掘进参数波动较大,地质较为复杂、变化频繁;平均掘进速度为56mm/min、平均贯入度为8mm/rev、平均推进压力为184bar。较Ⅱ类花岗岩适合敞开式TBM快速掘进。

(3)Ⅳ类花岗岩

Ⅳ类花岗岩为主的洞段掘进参数抽样统计见表3-6。

Ⅳ类花岗岩为主的洞段掘进参数抽样统计　　表3-6

序号	桩号	掘进速度(mm/min)	刀盘扭矩(kN·m)	刀盘转速(r/min)	贯入度(mm/rev)	推进压力(bar)	撑靴压力(bar)
1	K57+940	50	1700	6	12	78	201
2	K57+938	45	1600	6	12	82	204

续上表

序号	桩号	掘进速度(mm/min)	刀盘扭矩(kN·m)	刀盘转速(r/min)	贯入度(mm/rev)	推进压力(bar)	撑靴压力(bar)
3	K57+936	56	2600	7	10	160	240
4	K57+934	60	3000	7.2	10	185	291
5	K57+932	60	3100	7.2	10	188	292
6	K57+696	68	2320	6.8	9	138	294
7	K57+694	67	2100	6.5	9	124	292
8	K57+692	64	2000	6.5	9	120	289
9	K57+690	66	1800	6.8	8	115	289
10	K57+688	69	1300	5.5	8	70	286
11	K57+686	68	2000	6.2	11	98	199
12	K57+684	69	1900	6.2	10	101	200
13	K57+682	68	1900	6.3	11	121	208
14	K57+680	67	1570	6	9	100	221
15	K57+678	68	1800	6	10	130	236
16	K57+676	65	2100	7	9	160	252
17	K57+674	67	2800	7.1	10	165	253
18	K57+672	67	2900	7.2	10	163	253
合计		1144	38490	117.5	177	2298	4500
平均数		64	2138	7	10	128	250
范围值		45～69	1300～3100	5.5～7.2	8～12	70～188	199～294

由表 3-6 随机采集的数据分析,结合现场实际 TBM 掘进情况,可分析得出:TBM 在Ⅳ类花岗岩为主的洞段掘进施工,刀盘转速保持在 5.5～7.2r/min 范围内,刀盘扭矩在 1300～3100kN·m 范围内,掘进速度为 45～69mm/min,贯入度为 8～12mm/rev,推进压力为 70～188bar;平均掘进速度为 64mm/min,平均贯入度为 10mm/rev,平均推进压力为 128bar。从掘进参数来看,Ⅳ类花岗岩亦适合快速掘进,但由于岩体节理裂隙发育、完整性差,局部破碎存在塌方、掉块的危险,需立拱或湿喷进行加强支护,支护工程量大,耗时长,故影响 TBM 掘进施工效率。

(4)花岗岩洞段

花岗岩洞段掘进参数抽样统计见表 3-7。

花岗岩洞段掘进参数抽样统计 表 3-7

序号	桩号	掘进速度(mm/min)	刀盘扭矩(kN·m)	刀盘转速(r/min)	贯入度(mm/rev)	推进压力(bar)	撑靴压力(bar)
1	K58+024	68	2900	7	11	170	301
2	K58+022	65	2800	7	10	164	301
3	K58+020	62	2200	6.8	10	178	302
4	K58+018	66	3000	7	10	172	302

续上表

序号	桩号	掘进速度(mm/min)	刀盘扭矩(kN·m)	刀盘转速(r/min)	贯入度(mm/rev)	推进压力(bar)	撑靴压力(bar)
5	K58+016	65	3100	7	11	160	300
6	K58+014	53	3000	7.2	10	220	306
7	K58+012	62	2950	7.2	7	203	293
8	K58+010	58	2850	7.2	7	205	293
9	K58+008	55	2950	7	7	210	296
10	K58+006	54	2980	7.2	7	225	302
11	K58+004	44	2700	7.2	7	238	306
12	K58+002	45	2590	7.2	6	232	305
13	K58+000	51	3000	7.2	7	239	304
14	K57+998	49	3100	7	7	230	314
15	K57+996	51	2800	7.2	7	228	302
16	K57+994	64	2600	7	10	143	320
17	K57+992	65	2700	7.2	10	177	321
18	K57+990	65	2800	7	10	187	321
19	K57+988	67	3100	7.2	11	153	262
20	K57+986	65	2900	7.2	10	157	263
21	K57+984	62	3100	7	9	180	321
22	K57+982	68	2910	7	10	182	327
23	K57+980	65	3100	7	9	185	325
24	K57+978	67	3200	7	10	180	327
25	K57+976	64	3230	7	9	186	328
26	K57+974	66	3100	7.2	9	180	326
27	K57+972	68	2850	7.2	10	180	326
28	K57+970	70	3100	7.2	10	183	324
29	K57+968	68	3200	7.2	9	190	329
30	K57+966	66	3150	7.2	9	195	327
31	K57+964	62	3180	7.2	8	210	327
32	K57+962	60	3150	7.2	8	215	325
33	K57+960	58	3100	7.2	9	210	324
34	K57+958	58	3120	7.2	9	208	324
35	K57+956	63	2600	7	9	190	324
36	K57+954	65	2550	7	9	195	313
37	K57+952	71	2800	7.2	10	205	320
38	K57+950	69	2600	7	9	180	319
39	K57+948	77	2800	7.2	10	187	319

续上表

序号	桩号	掘进速度(mm/min)	刀盘扭矩(kN·m)	刀盘转速(r/min)	贯入度(mm/rev)	推进压力(bar)	撑靴压力(bar)
40	K57+946	73	2800	7	10	187	319
41	K57+944	50	900	6.4	8	62	331
42	K57+942	53	1200	6.4	8	70	317
43	K57+940	50	1700	6	12	78	201
44	K57+938	45	1600	6	12	82	204
45	K57+936	56	2600	7	10	160	240
46	K57+934	60	3000	7.2	10	185	291
47	K57+932	60	3100	7.2	10	188	292
48	K57+930	32	2380	7.2	5	170	254
49	K57+928	60	2980	7.2	8	210	321
50	K57+926	65	2950	7.2	10	168	305
51	K57+924	60	3000	7.2	9	162	298
52	K57+922	25	1000	7.4	3	187	242
53	K57+920	20	1180	7.6	2	155	306
54	K57+918	44	2580	7.2	8	225	327
55	K57+916	50	2980	7	9	220	324
56	K57+914	48	2920	7	9	215	322
57	K57+912	52	2960	7	9	222	324
58	K57+910	50	2990	7	9	216	322
59	K57+908	48	3120	7	9	220	322
60	K57+906	52	3250	7	9	225	320
61	K57+904	58	2900	7.2	8	198	316
62	K57+902	47	2700	7.2	7	225	318
63	K57+900	50	2990	7	9	216	322
64	K57+898	26	1500	6.8	4	178	319
65	K57+896	79	2600	7.2	11	169	328
66	K57+894	74	3000	7.2	10	185	319
67	K57+892	64	3100	7.2	8	220	330
68	K57+890	54	3000	7.2	8	220	322
69	K57+888	60	2900	7.2	9	200	330
70	K57+886	62	3100	7.2	9	225	328
71	K57+884	50	2900	7.2	7	210	332
72	K57+882	54	3100	7.2	7	215	321
73	K57+880	45	2700	7.3	8	230	314
74	K57+878	45	2500	7.4	8	240	314

续上表

序号	桩号	掘进速度(mm/min)	刀盘扭矩(kN·m)	刀盘转速(r/min)	贯入度(mm/rev)	推进压力(bar)	撑靴压力(bar)
75	K57+876	56	3100	7.2	6	220	312
76	K57+874	48	3000	7.3	5	230	314
77	K57+872	45	2800	7.4	6	244	314
78	K57+870	46	3200	7.4	5	230	315
79	K57+868	28	2520	7	4	210	326
80	K57+866	31	2750	7.2	4	240	328
81	K57+864	30	2340	7.2	3	245	319
82	K57+862	22	2220	7.2	3	248	316
83	K57+860	31	2000	7.2	4	245	329
84	K57+858	36	3000	7.2	5	250	329
85	K57+856	44	3000	7.2	5	240	326
86	K57+854	47	3000	7.2	6	225	314
87	K57+852	43	2200	7.2	6	185	319
88	K57+850	56	3000	7.3	7	202	325
89	K57+848	55	3200	7.2	8	235	323
90	K57+846	32	2200	7.2	4	251	327
91	K57+844	32	1902	7.4	4	232	320
92	K57+842	54	3023	7.3	7	201	327
93	K57+840	61	2915	7.1	9	214	329
94	K57+838	50	2932	7.2	8	221	322
95	K57+836	45	2565	7.2	7	234	330
96	K57+834	62	2654	6.9	10	182	331
97	K57+832	68	2350	7.2	9	175	318
98	K57+830	66	2750	7.2	10	168	321
99	K57+828	60	3150	7.2	9	215	320
100	K57+826	52	3100	7.2	7	245	323
101	K57+824	38	2780	7.4	5	248	323
102	K57+822	45	2700	7.4	7	220	319
103	K57+820	63	2800	7.2	8	180	316
104	K57+818	70	2200	7.2	9	145	314
105	K57+816	58	2650	7.2	8	210	315
106	K57+814	60	2820	7.2	8	200	316
107	K57+812	65	3000	7.2	9	195	314
108	K57+810	65	3230	7.3	9	190	315
109	K57+808	48	3280	7.3	8	240	320

续上表

序号	桩号	掘进速度（mm/min）	刀盘扭矩（kN·m）	刀盘转速（r/min）	贯入度（mm/rev）	推进压力（bar）	撑靴压力（bar）
110	K57+806	32	2500	7.3	4	245	324
111	K57+804	40	2600	7.2	5	235	321
112	K57+802	44	3000	7.2	6	234	323
113	K57+800	43	2800	7.2	6	236	327
114	K57+798	46	2800	7.2	6	240	316
115	K57+796	43	2543	7.3	7	226	321
116	K57+794	35	2432	7.5	5	234	319
117	K57+792	44	2653	7.3	6	229	317
118	K57+790	39	2082	7.3	6	230	327
119	K57+788	44	2532	7.3	6	225	320
120	K57+786	50	2397	7.3	7	228	327
121	K57+784	45	2253	7.3	6	220	326
122	K57+782	58	2653	7.1	9	195	321
123	K57+780	72	2799	6.9	10	177	323
124	K57+778	76	2406	6.9	11	179	329
125	K57+776	65	1500	7.1	9	115	317
126	K57+774	68	1750	7.2	9	110	314
127	K57+772	55	1800	5.8	9	105	242
128	K57+770	65	2200	6.5	10	120	248
129	K57+768	72	2350	6.5	10	138	252
130	K57+766	68	2520	7	10	140	252
131	K57+764	70	2500	6.5	10	162	298
132	K57+762	70	2600	6.5	9	165	302
133	K57+760	71	2800	7.2	10	190	312
134	K57+758	51	3000	7.3	7	207	322
135	K57+756	41	2700	7.3	6	215	324
136	K57+754	51	2700	7.3	6	230	325
137	K57+752	45	2500	7.2	6	225	327
138	K57+750	50	2600	7	7	226	325
139	K57+748	53	2800	7.3	7	190	318
140	K57+746	57	2900	7.2	8	187	319
141	K57+744	64	2700	7.3	8	182	329
142	K57+742	46	2800	7.2	6	220	324
143	K57+740	43	2700	7.2	6	235	320
144	K57+738	21	1662	7.3	3	202	332

续上表

序号	桩号	掘进速度(mm/min)	刀盘扭矩(kN·m)	刀盘转速(r/min)	贯入度(mm/rev)	推进压力(bar)	撑靴压力(bar)
145	K57+736	39	2832	7.2	5	235	328
146	K57+734	41	2732	7.2	5	236	323
147	K57+732	32	2850	7.2	6	230	318
148	K57+730	35	2980	7.4	6	245	320
149	K57+728	35	2980	7.2	6	240	318
150	K57+726	28	2980	6.2	4	248	318
151	K57+724	24	2500	6.2	4	245	315
152	K57+722	18	1800	7	4	240	312
153	K57+720	20	1907	6.8	3	238	306
154	K57+718	30	2300	7.2	3	240	306
155	K57+716	28	2100	6.5	3	228	305
156	K57+714	32	2452	7.4	4	244	331
157	K57+712	37	2441	7.3	5	230	316
158	K57+710	40	2470	7.3	5	232	322
159	K57+708	44	3081	7.2	5	247	322
160	K57+706	35	2776	7.2	5	238	321
161	K57+704	31	2008	7.2	4	245	323
162	K57+702	36	2682	7.2	5	223	335
163	K57+700	47	2453	7.2	8	238	326
164	K57+698	56	2484	7	8	192	319
165	K57+696	68	2320	6.8	9	138	294
166	K57+694	67	2100	6.5	9	124	292
167	K57+692	64	2000	6.5	9	120	289
168	K57+690	66	1800	6.8	8	115	289
169	K57+688	69	1300	5.5	8	70	286
170	K57+686	68	2000	6.2	11	98	199
171	K57+684	69	1900	6.2	10	101	200
172	K57+682	68	1900	6.3	11	121	208
173	K57+680	67	1570	6	9	100	221
174	K57+678	68	1800	6	10	130	236
175	K57+676	65	2100	7	9	160	252
176	K57+674	67	2800	7.1	10	165	253
177	K57+672	67	2900	7.2	10	163	253
178	K57+670	53	2523	7	8	192	253
179	K57+668	58	2632	7	9	186	312

续上表

序号	桩号	掘进速度(mm/min)	刀盘扭矩(kN·m)	刀盘转速(r/min)	贯入度(mm/rev)	推进压力(bar)	撑靴压力(bar)
180	K57+666	60	2872	7	9	195	314
181	K57+664	60	3032	7	9	205	319
182	K57+662	62	2376	7	9	182	326
183	K57+660	55	2780	6.5	8	142	315
184	K57+658	68	2850	6.8	10	165	317
185	K57+656	72	2720	6.8	10	140	321
186	K57+654	68	2650	7	10	152	321
187	K57+652	65	2750	7	10	165	319
188	K57+650	62	2820	7.2	9	175	316
189	K57+648	60	2900	7.2	8	182	322
190	K57+646	62	2880	7.2	8	220	321
191	K57+644	52	2950	7.2	7	218	317
192	K57+642	50	2780	7.3	7	230	321
193	K57+640	46	2900	7.3	6	235	319
194	K57+638	38	2500	7.5	5	185	317
195	K57+636	40	2600	7.4	5	210	276
196	K57+634	45	2900	7.2	4	220	288
197	K57+632	30	2400	7.3	3	245	291
198	K57+630	35	2400	7.3	3	245	300
199	K57+628	35	2152	7.2	4	234	321
200	K57+626	36	2131	7.2	5	224	324
201	K57+624	33	2261	7.2	4	240	321
202	K57+622	32	2650	7.2	5	237	322
203	K57+620	29	2450	7.3	5	228	321
204	K57+618	26	2250	7.3	4	258	320
205	K57+616	22	2100	7.3	4	248	322
206	K57+614	30	2400	7.1	5	235	319
207	K57+612	55	2500	7.2	6	185	318
208	K57+610	58	2300	7.3	7	170	316
209	K57+608	57	2300	7	11	150	255
210	K57+606	65	2690	7.3	11	141	252
211	K57+604	68	2788	7.2	11	138	249
212	K57+602	65	2600	7.2	10	170	260
213	K57+600	68	2700	7.2	10	192	265
214	K57+598	62	3000	7.2	8	190	265

续上表

序号	桩号	掘进速度(mm/min)	刀盘扭矩(kN·m)	刀盘转速(r/min)	贯入度(mm/rev)	推进压力(bar)	撑靴压力(bar)
215	K57+596	55	2000	7.2	7	202	267
216	K57+594	40	1900	7.2	7	200	268
217	K57+592	58	2900	7.3	7	200	268
218	K57+590	68	3000	7.2	7	200	268
219	K57+588	64	2900	7.2	7	190	269
220	K57+586	50	2500	7.2	7	212	270
221	K57+584	18	1834	7.2	3	237	289
222	K57+582	21	2203	7.3	4	242	323
223	K57+580	32	2751	7.4	4	241	326
224	K57+578	30	2160	7.4	4	230	321
225	K57+576	32	2400	7	3	246	319
226	K57+574	30	1580	7	3	210	322
227	K57+572	35	1460	6.8	5	200	325
228	K57+570	20	1590	7.3	3	220	318
229	K57+568	22	1350	7.3	3	195	320
230	K57+566	21	1500	7.1	7	190	223
231	K57+564	45	2900	7	8	180	213
232	K57+562	60	2600	7.2	7	200	328
233	K57+560	56	2700	7.2	7	200	322
234	K57+558	56	2600	7	8	180	338
235	K57+556	72	2200	7	12	130	289
236	K57+554	66	2800	6.2	10	160	289
237	K57+552	64	2700	6.6	9	160	291
238	K57+550	56	2700	7.1	8	180	289
239	K57+548	64	2600	7.2	8	170	290
240	K57+546	69	2100	7	9	160	289
241	K57+544	65	2936	7.2	11	182	283
242	K57+542	69	2888	7.2	12	195	289
243	K57+540	45	3024	7.2	7	223	289
244	K57+538	52	2911	7.3	8	219	322
245	K57+536	56	2931	7.1	8	208	315
246	K57+534	61	2486	7	9	171	315
247	K57+532	65	2451	7	9	161	288
248	K57+530	71	2266	6.5	11	142	288
249	K57+528	50	1520	6.5	6	138	321

续上表

序号	桩号	掘进速度（mm/min）	刀盘扭矩（kN·m）	刀盘转速（r/min）	贯入度（mm/rev）	推进压力（bar）	撑靴压力（bar）
250	K57+526	65	1780	6.5	9	143	322
251	K57+524	65	1820	6.5	9	150	321
252	K57+522	68	1850	6.5	9	150	321
253	K57+520	56	2400	7.2	9	170	321
254	K57+518	58	2520	7.2	9	182	319
255	K57+516	55	2650	7.2	9	190	322
256	K57+514	48	2720	7.2	7	230	317
257	K57+512	40	2850	7.2	6	245	315
258	K57+510	41	2700	7.2	5	235	320
259	K57+508	33	2200	7.2	4	240	318
260	K57+506	39	2700	7.2	5	230	330
261	K57+504	50	2900	7.2	7	210	332
262	K57+502	42	2800	7.2	6	220	318
263	K57+500	58	2800	7.2	8	230	320
264	K57+498	35	2600	7.2	5	220	315
265	K57+496	42	2700	7.2	6	230	320
266	K57+494	61	3000	7.3	8	178	324
267	K57+492	64	2600	7.2	9	150	317
268	K57+490	65	2550	6.8	10	155	317
269	K57+488	65	2231	6.7	10	154	252
270	K57+486	62	2432	6.6	11	162	269
271	K57+484	70	2532	7.1	10	153	272
272	K57+482	72	2840	7.1	10	151	272
273	K57+480	69	2825	7.2	10	167	271
274	K57+478	68	3104	7.2	10	164	271
275	K57+476	57	2937	7.2	7	197	271
276	K57+474	45	2900	7.2	5	230	319
277	K57+472	50	2920	7.2	5	245	317
278	K57+470	50	2800	7.2	7	220	317
279	K57+468	57	2650	7.2	8	180	315
280	K57+466	69	1550	7.2	8	100	312
281	K57+464	70	2000	7.2	9	120	315
282	K57+462	55	3000	7.2	10	150	317
283	K57+460	66	2450	7.2	10	120	315
284	K57+458	73	1620	6.1	10	90	314

续上表

序号	桩号	掘进速度(mm/min)	刀盘扭矩(kN·m)	刀盘转速(r/min)	贯入度(mm/rev)	推进压力(bar)	撑靴压力(bar)
285	K57+456	73	1620	6.1	10	90	314
286	K57+454	70	1590	5	10	90	315
287	K57+452	60	1000	5.4	12	88	211
288	K57+450	60	1100	5.5	12	90	233
289	K57+448	65	1200	6.5	10	75	232
290	K57+446	72	1700	6.2	12	100	233
291	K57+444	72	2500	7.2	10	170	232
292	K57+442	60	1900	7.2	9	150	231
293	K57+440	72	1400	6.4	12	130	232
294	K57+438	65	1300	5.6	12	90	233
295	K57+436	72	1500	6	12	100	232
296	K57+434	64	1700	6.4	10	110	233
297	K57+432	70	1890	6.4	11	176	279
298	K57+430	72	1700	6.5	10	154	256
299	K57+428	75	1500	6.5	10	146	266
300	K57+426	75	2000	6.5	11	147	269
301	K57+424	72	2400	6.4	10	151	272
302	K57+422	70	2400	6.5	12	145	272
303	K57+420	70	2500	6.4	11	123	272
304	K57+418	71	2700	6.5	11	110	281
305	K57+416	72	2300	6.6	12	96	281
306	K57+414	72	2300	6.6	11	101	281
307	K57+412	73	2300	6.6	11	123	281
308	K57+410	72	1900	6.6	10	134	269
309	K57+408	73	2500	6.5	12	141	271
310	K57+406	75	1900	6.6	11	132	272
311	K57+404	72	1800	6.5	12	145	272
312	K57+402	71	2000	6.6	12	140	289
合计		16915	786560	2187.3	2455	58812	94413
平均数		54	2513	7	8	188	302
范围值		18～79	900～3280	5～7.6	2～12	62～258	199～338

由表 3-7 随机采集的数据分析,结合现场实际 TBM 掘进情况,可分析得出:TBM 在花岗岩洞段掘进施工,刀盘转速保持在 5～7.6r/min 范围内,刀盘扭矩在 900～3280kN·m 范围内,掘进速度为 18～79mm/min,贯入度为 2～12mm/rev,推进压力为 62～258bar;平均

掘进速度为 54mm/min，平均贯入度为 8mm/rev，平均推进压力为 188bar。掘进参数波动较大，地质较为复杂、变化频繁；平均推进压力较大，岩石强度高，导致刀具更换频繁，设备利用率不高，进而掘进效率低。

（5）通过对 TBM 在花岗岩地质条件下掘进参数的分析，数据动较大，Ⅱ类花岗岩由于岩石强度过高，Ⅳ类由于支护工程量大、支护时间长均不适合敞开式 TBM 快速掘进；Ⅲ类花岗岩岩石强度和完整性均适中，适合敞开式 TBM 快速、高效掘进；从平均掘进参数来看，掘进速度不高，推进压力偏大，导致设备利用率低，则 TBM 掘进效率不高，适宜性一般。

3.1.2　施工流程

TBM 掘进施工流程见图 3-1。

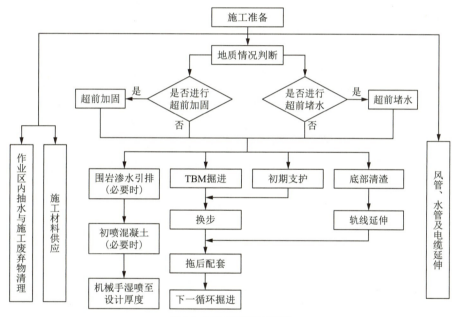

图 3-1　TBM 掘进施工流程

3.2 TBM 掘进进度理论指标与工序优化

3.2.1　TBM 掘进进度理论指标

TBM 掘进循环进尺，掘进段每一个循环按 1.8m 计算，掘进循环时间见表 3-8。

TBM 掘进工序循环时间　　　　　　　　　　　　　　　　　　表 3-8

围岩类别	工序循环时间(min)					理论月进尺(m)	实践验证项目进度指标(m/月)
Ⅱ	5	50	0	0	55	1130	600
Ⅲ	5	40	0	0	45	1383	1000
Ⅳ	15	40	35	45	135	460	450
Ⅴ	15	40	10	85	150	415	300/100

注：1. 理论月进尺设备利用率按照 80% 考虑计算。
　　2. 实践验证进度指标根据掘进统计分析的内控进度指标，每月按 25d 计算。

3.2.2　TBM 掘进进度工序优化

敞开式 TBM 各工序时间直接决定着 TBM 的月掘进进度，在保证 TBM 掘进施工质量和安全的前提下，通过优化设备、现场技术指导、加强内部 TBM 各班组施工作业人员的培训和学习等各项措施达到了各工序时间缩短的效果，大大地提高了 TBM 的掘进施工效率。详见图 3-2、图 3-3。

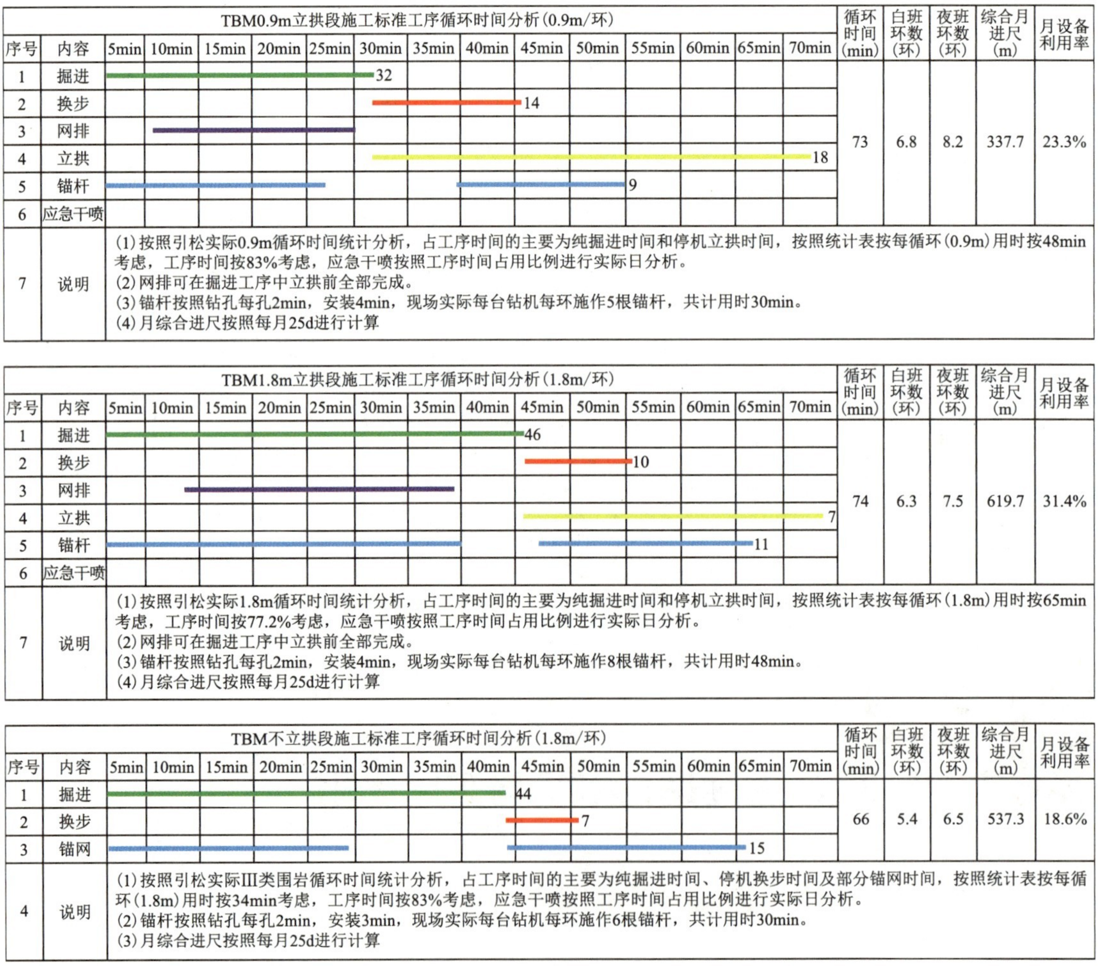

图 3-2　优化前敞开式 TBM 各工序时间分析

TBM 0.9m 立拱段施工标准工序循环时间分析 (0.9m/环)

序号	内容	时间条 (5min–70min)	循环时间(min)	白班环数(环)	夜班环数(环)	综合月进尺(m)	月设备利用率
1	掘进	22	42	11.9	14.2	586.9	40.6%
2	换步	6					
3	网排						
4	立拱	20					
5	锚杆	30					
6	应急干喷						
7	说明	(1) 按照引松实际0.9m循环时间统计分析，占工序时间的主要为纯掘进时间和停机立拱时间，按照统计表按每循环(0.9m)用时按48min考虑，工序时间按83%考虑，应急干喷按照工序时间占用比例进行实际日分析。 (2) 网排可在掘进工序中立拱前全部完成。 (3) 锚杆按照钻孔每孔2min，安装4min，现场实际每台钻机每环施作5根锚杆，共计用时30min。 (4) 月综合进尺按照每月25d进行计算					

TBM 1.8m 立拱段施工标准工序循环时间分析 (1.8m/环)

序号	内容	时间条 (5min–70min)	循环时间(min)	白班环数(环)	夜班环数(环)	综合月进尺(m)	月设备利用率
1	掘进	35	59	7.9	9.4	777.2	39.3%
2	换步	6					
3	网排						
4	立拱	24					
5	锚杆	48					
6	应急干喷						
7	说明	(1) 按照引松实际1.8m循环时间统计分析，占工序时间的主要为纯掘进时间和停机立拱时间，按照统计表按每循环(1.8m)用时按65min考虑，工序时间按77.2%考虑，应急干喷按照工序时间占用比例进行实际日分析。 (2) 网排可在掘进工序中立拱前全部完成。 (3) 锚杆按照钻孔每孔2min，安装4min，现场实际每台钻机每环施作8根锚杆，共计用时48min。 (4) 月综合进尺按照每月25d进行计算					

TBM 不立拱段施工标准工序循环时间分析 (1.8m/环)

序号	内容	时间条 (5min–70min)	循环时间(min)	白班环数(环)	夜班环数(环)	综合月进尺(m)	月设备利用率
1	掘进	24	30	11.9	14.3	1182.1	40.9%
2	换步	4					
3	锚网	30					
4	说明	(1) 按照引松实际Ⅲ类围岩循环时间统计分析，占工序时间的主要为纯掘进时间、停机换步时间及部分锚网时间，按照统计表按每循环(1.8m)用时按48min考虑，工序时间按83%考虑，应急干喷按照工序时间占用比例进行实际日分析。 (2) 锚杆按照钻孔每孔2min，安装3min，现场实际每台钻机每环施作6根锚杆，共计用时30min。 (3) 月综合进尺按照每月25d进行计算					

图 3-3　优化后敞开式 TBM 各工序时间分析

3.3 TBM 长距离快速步进施工技术

根据本项目碱草甸子及小河沿平地板步进、辽西北供水工程二段五标转场步进及本项目相邻标段中铁十八局转场步进等 TBM 采用常规法步进分析得知：采用平地板步进效率较低，不利于工期控制。

引松供水工程四标采用圆形钻爆断面下不使用步进机构进行 TBM 步进，直接利用 TBM 掘进系统进行步进，以提高 TBM 步进效率。

3.3.1 步进前的准备工作

（1）测量组在步进前对圆形钻爆段进行断面检测，并将欠挖部分提前处理完成。
（2）根据测量组检测的圆形钻爆段断面结果适当准备方木，以便步进过程中使用。
（3）步进前应准备妥当对讲机，方便步进过程中人员联络使用。
（4）保证TBM贯通点与弧形底板的精确度，确保TBM可以顺利爬上弧形底板，方便后续步进工作顺利进行（图3-4）。

图3-4　贯通点位置弧形底板断面示意图（尺寸单位：mm）

（5）保证TBM刀盘空推过程中底护盾的地基承载力不小于6MPa，以满足步进要求。

3.3.2 敞开式TBM在圆形断面隧道连续步进施工工艺流程

TBM在圆形断面隧道连续步进施工工艺流程见图3-5。

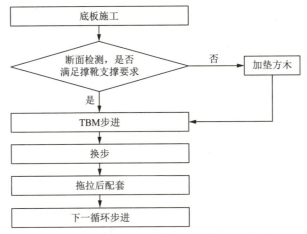

图3-5　TBM在圆形断面隧道连续步进施工工艺流程

（1）操作步骤
① TBM步进前将刀盘调整至抬头的趋势，避免损坏隧道底部混凝土。
②步进。TBM主司机通过主机室内的按钮将水平撑靴伸出撑紧岩壁，收回后支撑，然后开始操作推进液压缸向前推进一个行程，详见图3-6。
③换步。推进液压缸前移一个行程后，放下TBM后支撑，收回撑靴并向前行进一个行程，撑靴前移到位后再次撑紧岩壁并收回后支撑；详见图3-7。
④换步完毕后，TBM主司机在主机室内通过操作按钮，操作后配套伸缩液压缸牵引后

配套向前行走一个循环。

⑤主推进液压缸再次伸出,开始下一个循环步进。

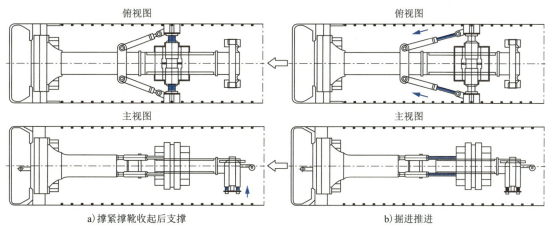

图 3-6　TBM 步进过程

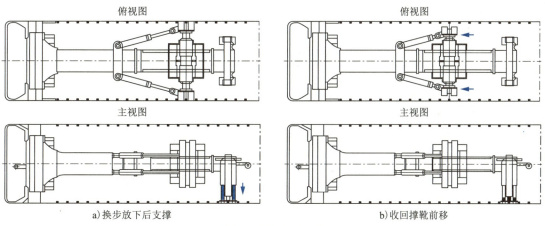

图 3-7　TBM 换步过程

(2)应急措施

在步进过程中可能会出现超挖、撑靴撑碎洞壁、底板破碎及底部高低不平等问题,若遇到此种问题应采取以下措施。

①若出现超挖或撑靴撑碎洞壁,采取加垫方木或对超挖部位进行喷射混凝土。

②若底板受压破碎,可在破碎处加垫方木,增加该位置的受力面积。

③若步进段底板存在高低不平的现象,则采取加垫钢板方式。

3.3.3　长距离弧形底板步进效果与常规法步进效果分析对比

(1)所需时间对比

根据具体操作步骤,对弧形底板及常规平底板步进所需时间进行对比,见表 3-9。

常规法步进与弧形底板每循环步进时间对比分析表　　　　表 3-9

序号	项目名称	常规法每步骤时间（s）	弧形底板每步骤时间（s）	备　注
1	伸出推进液压缸	50	50	步进小车下方底板不平整影响步进小车移动，需加垫木板
2	放后支撑	30	30	
3	放升举液压缸	20	0	升举液压缸下方底板不平整需加垫木板
4	收推进液压缸	50	50	
5	收后支撑	30	30	步进架下方底板不平整需加垫木板，防止步进架变形
6	收升举液压缸	20	0	
7	拖后配套	45	45	
8	合计	245	205	常规法步进每循环比弧形底板步进多出40s时间，且受外部影响较大，误时较多

（2）步进效率对比

根据本项目碱草甸子及小河沿常规法步进效率与圆形断面弧形底板步进效率进行对比，见表3-10及图3-8。

TBM 在圆形断面步进与平底板步进效率对比表　　　　表 3-10

序号	项目名称	长度（m）	天数（d）		步进速度（m/d）	备　注
			步进机构安拆	TBM步进		
1	TBM在碱草甸子平底板步进	147	3	5	29.4	TBM在圆形断面步进速度是普通平底板的3倍左右，且节省了步进机构的安装及拆除时间
2	TBM在小河沿平底板步进	284	3	9	31.6	
3	TBM在圆形钻爆段长距离步进	1371	—	15	91.4	

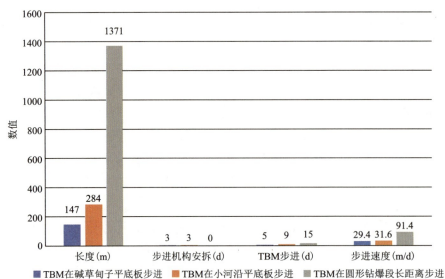

图 3-8　TBM 在圆形断面步进与平底板步进对比

3.4 TBM 快速掘进资源保障技术

依据本标段 TBM 施工的主要任务和施工运输内容,主要分两个阶段施工运输进行方案部署:TBM 施工第一阶段主要运输任务为 TBM 进口至 8 号支洞服务洞室段 TBM 掘进初期支护中的弃渣、混凝土、机具材料及人员运输;TBM 施工第二阶段主要运输任务为 8 号支洞始发至 7 号支洞拆卸间段 TBM 掘进初期支护、TBM 施工第一掘进段的二次衬砌施工中的弃渣、混凝土、机具材料及人员运输。因此,从 TBM 在Ⅲ类围岩和Ⅴ类围岩两个边界条件下进行密集作业对比来优化实施组织及资源配置,确保安全合理高效的施工运输组织,为 TBM 快速掘进提供保障。

3.4.1 第一掘进段运输组织

TBM 施工第一阶段运输内容及边界条件统计见表 3-11。

TBM 施工第一阶段运输内容及边界条件统计　　表 3-11

序号	围岩类别	月进度指标（m）	最大运距（km）	平均运速（km/h）	延米虚渣量（m³）	延米喷射混凝土量（m³）	机具材料	每班作业人员
1	Ⅲ	1000	洞外无轨:5;洞内有轨:10.8	洞外无轨:20;洞内有轨:10	79	2.19	油脂、刀具、轨线及支护材料	白班46人,夜班24人
2	Ⅴ	200			86.4	4.32		白班48人,夜班26人

注:1. TBM 刀盘开挖直径为 7.93m,Ⅲ类采取满额掘进速度 10cm/min,Ⅳ、Ⅴ类为满额的 30%。
    2. 延米渣量Ⅲ类松散系数取 1.6,Ⅴ类取 1.75。
    3. 洞外无轨运输冬季平均运速 15km/h,夏季 25km/h,计算中取平均值 20km/h。
    4. 洞内有轨运输平均速度 12km/h;会车段、倒运段平均速度 5km/h,计算中取平均 10km/h。
    5. 作业人员数量白班包括保养班组人员数量。
    6. 按照洞内有轨运输最大运距,需设置两处会车平台。

1)无轨运输

TBM 施工弃渣首先是通过连续皮带输送机输送至洞外,通过溜渣槽装至 20t 自卸汽车上,再通过无轨运输车辆运至弃渣场。

自卸汽车每车运渣 20m³,平均运速 20km/h,最大运距 5km,倒车、会车、翻渣及接渣总计 8min,计算每台汽车完成运输循环的时间为:

$$\frac{5 \times 2}{20} + \frac{8}{60} = 0.63 \text{（h）}$$

按照 TBM 刀盘开挖直径,每循环虚渣量如下。

Ⅲ类围岩:

$$3.14 \times 3.965 \times 3.965 \times 1.8 \times 1.6 = 142.2 \text{（m}^3\text{）}$$

Ⅴ类围岩：
$$3.14×3.965×3.965×1.8×1.75=155.5（m^3）$$

按照 TBM 在不同围岩下的推进速度，换步、调整姿态考虑 5min，计算 TBM 在 0.63h 内实现连续掘进产生的虚渣量如下。

Ⅲ类围岩：
$$\frac{0.63×60}{\frac{1.8}{10}×100+5}×142.2=234（m^3）$$

Ⅴ类围岩：
$$\frac{0.63×60}{\frac{1.8}{10}×100×0.3+5}×155.5=90（m^3）$$

因此，取最大值 234m³，需要自卸汽车数量为：234/20≈13（台），考虑 1 台为备用，总计计划洞外转渣汽车为 14 台，无轨运输时间见表 3-12。对于掘进中产生的局部坍塌导致输渣量集中增加，在运输车辆不到位的情况下，可利用应急皮带系统转渣至应急存放区，等空闲时间二次倒运至弃渣场。

第一阶段洞外无轨运输循环时间表　　　　表 3-12

车编号	5min	10min	15min	20min	25min	30min	35min	40min
①号								
②号								
③号								
④号								
⑤号								
⑥号								
⑦号								
⑧号								
⑨号								
⑩号								
⑪号								
⑫号								
⑬号								

注：红色表示溜渣时间按 3min 计，绿色表示运输、会车及翻渣时间。

2）有轨运输

（1）轨线布置

TBM 施工第一阶段，轨线布置轨距为 90cm，采用 38kg/m 钢轨，轨道采用螺栓和压板固定在 I16 工字钢轨枕上。为满足正常运行及会车需要，每 3km 布置 1 处会车平台。施工期间的运输主线为单线运输系统，洞口布置三条轨线：一条为接混凝土专线，一条为人车停放专线，一条为材料吊装专线。三线都利用渡线道岔汇到运输主线，进洞后在步进洞段布置双线,用来整列编组的会车,该双线段可适当加长,保证后续运力异常时可停放足够数量的编组。结合引松 TBM 结构及行走轨线形式,运输主线布置断面如图 3-9 所示。

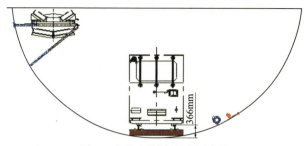

图 3-9　运输主线断面布置示意图

为保证行车安全,所有编组司机、调车员均配置通信设备,并在会车平台段安排调度值班,及时向洞外调度室报告机车的运行状态、位置及需求等,调度室要做好所有洞内编组运行的调配统筹。

(2)编组配置

TBM 施工第一阶段有轨运输主要有混凝土运输、机具材料运输和人员运输,主要包括:

①初期支护材料,如喷射混凝土、钢拱架、锚杆、钢筋网片等。

②各种辅助材料,如皮带输送机支架、风管、供水管、轨线、高低压电缆电线。

③TBM 消耗性材料,如刀具、油脂、各种配件等。

为满足洞内施工需求,初步的编组配置计划全部采用混合编组,具体布置如图 3-10 所示。

图 3-10　编组具体布置(尺寸单位:mm)

编组说明:

①混合编组沿进洞方向依次为:平板+平板+机车+罐车+罐车+人车+人车。

②人车在白班交接班时,两节全挂,夜班时可只挂一节,其余施工期间运料时,可将人车停放在洞外人车专线上。

③为避免平板车运输掉落安全,尽可能将风管、供水管、轨线等辅助材料分列运送,且对平板车安装防护栏。

④本身 TBM 后配套及材料平台上有较大存储空间,因此,可以在 TBM 的常规停机保养时间段内安排编组对长时间存储材料进行运送,该编组由机车+平板车+平板车组成。

⑤单个完整混合编组运输的循环顺序如图 3-11 所示。

(3)运力计算

考虑辅助材料及消耗性材料需求周期都比较长,制约进度的可能性比较小,且大多数支护材料可专门安排编组利用 TBM 较大的储备空间,完成提前储备,因此,只考虑即时支护的混凝土运输编组数量及运力计算。

准备阶段	(1) 人车停放在人车专线上，罐车停放在接料口混凝土专线上，机车挂板车停放在10t门式起重机区； (2) 吊装材料，然后机车推板车至洞口运输主线，倒回至混凝土运输线，牵引罐车开始接料； (3) 牵引罐车至洞口运输主线，倒回至人车专线，牵引整体至运输主线进洞
运输阶段	(1) 到达加利福尼亚道岔平台双线段，摘掉人车，施工人员下车，同时将后配套尾端风管、水管、连续皮带输送机支架等辅助施工材料卸车； (2) 机车牵引罐车并推板车向主机区行进，至喷浆桥段，摘掉罐车，完成空罐及满罐的倒换； (3) 机车继续推进板车至1号拖车前段主机区，完成支护材料及消耗性材料的卸车； (4) 牵引平板，并推进空罐车，到加利福尼亚道岔双线段继续推进人车出洞
出洞阶段	(1) 出洞后依次将人车推放至人车专线，倒回再将罐车推放至接料轨线，再倒回牵引板车停放至10t门式起重机区材料专线上； (2) 开始吊装材料，完成单个编组运输循环

图 3-11 单个完整混合编组运输的循环顺序

TBM 施工第一阶段主要为喷射混凝土运输。采用 7.5m³ 混凝土罐，罐的额定容量为 6m³。用 25t 机车牵引，编组的平均运速 10km/h，最大运距 10.5km。洞内材料、混凝土罐等倒装时间为 30min；洞外吊装材料时间 15min；喷射两罐混凝土料（每盘 0.8m³，两罐为 15 盘每盘，用时 2min），总计用时 30min；倒运就位时间 5min；计算单个编组循环进出洞的时间为：

$$\frac{10.5 \times 2}{10} + \frac{30+15+30+5}{60} \approx 3.43 \text{（h）}$$

① TBM 在Ⅲ类围岩施工中可实现连续作业，TBM 的额定掘进速度为 10cm/min，正常掘进速度按额定速度的 80% 计算，循环进尺 1.8m，计算 3.43h 内，TBM 掘进理论循环数为：

$$\frac{10 \times 0.8 \times 60}{100} \times \frac{3.43}{1.8} \approx 9 \text{（循环）}$$

按照 TBM 保养及刀盘检查计划，每掘进 3～5 个循环 TBM 需要检查 1 次刀盘，9 个循环按 2 次检查刀盘计算，正常情况下每次检查时间约为 30min，每循环换步时间 5min，计算编组一个运输循环期间 TBM 停机时间为：

$$\frac{30 \times 2 + 5 \times 9}{60} = 1.75 \text{（h）}$$

由此倒推回去，在一个编组运输循环的 3.43h 内，TBM 掘进的有效循环数为：

$$\frac{10 \times 0.8 \times 60}{100} \times \frac{3.43-1.75}{1.8} \approx 4.48 \text{（循环）}$$

喷射混凝土回弹率及运输消耗按 15% 考虑，计算 4.48 循环中需要的混凝土量为：

$$4.48 \times 1.8 \times 2.19 \times (1+0.15) \approx 20.31 \text{（m}^3\text{）}$$

由于单个编组最大混凝土运输量为 12m³，计算最终编组需求数量为：

$$\frac{20.31}{12} \approx 1.7 \text{（列）}$$

② TBM 在Ⅴ类围岩中需停机进行立拱加强支护，无法实现连续掘进，不考虑超前预

加固措施，调整 TBM 的掘进速度为额定速度的 30%，循环进尺 1.8m，立拱 2 榀，每榀用时 30min，考虑过拱架每循环换步时间 10min，计算 3.43h 内，TBM 掘进理论循环数为：

$$3.43 \div \frac{10 \times 0.3 \times 60}{100 \times 1.8} + \frac{10 + 30 \times 2}{60} \approx 1.58（循环）$$

考虑 V 类围岩掘进条件下，理论循环数很少，可以此作为有效循环数进行验算，喷射混凝土回弹率按 20% 考虑，计算 1.58 循环中需要的混凝土量为：

$$1.58 \times 1.8 \times 4.32 \times (1+0.2) \approx 12.3（m^3）$$

由于单个编组最大混凝土运输量为 12m³，计算最终编组需求数量为：

$$12.3 \div 12 \approx 1.02（列）$$

综上所述，TBM 掘进第一阶段，在运距最远条件下，采用Ⅲ类围岩条件下，设置编组 2 列，单机 60 拌和站即可满足施工需求，同时在洞外安放 1 台机车，用于洞外材料倒运，同时可作为应急机车，防止机车坏在运输中途，影响施工。

3.4.2 第二阶段运输方案

TBM 施工第二阶段运输内容及边界条件统计见表 3-13。

TBM 施工第二阶段运输内容及边界条件统计　　　　表 3-13

序号	围岩类别	月开挖指标（m）	月衬砌指标（m）	最大运距（km）	平均运速（km/h）	每延米虚渣量（m³）	每延米喷射混凝土量（m³）	每延米衬砌混凝土量（m³）	机具材料	每班作业人员
1	Ⅲ	1000	240	洞外无轨 1.2，洞内无轨 1.2，洞内有轨：衬混凝土 5.4，喷混凝土 10.3	洞外无轨 20，洞内无轨 5，洞内有轨 10	79	2.19	9.48	油脂、刀具、轨线及支护材料	白班 46 人，夜班 24 人
2	Ⅴ	200				86.4	4.32	11.58		白班 48 人，夜班 26 人

注 1. TBM 刀盘开挖直径为 7.93m，Ⅲ类取满额掘进速度 10cm/min 的 80%，Ⅴ类取满额的 30%。
　　2. 延米渣量Ⅲ类松散系数取 1.6，Ⅴ类取 1.75。
　　3. 洞外无轨运输冬季平均运速 15km/h，夏季 25km/h，计算中取平均值 20km/h；洞内斜井无轨运输平均按 5km/h 计算。
　　4. 洞内有轨运输平均速度 12km/h；会车段、倒运段平均速度 5km/h，计算中取平均 10km/h。
　　5. 作业人员数量白班包括保养班组人员及衬砌施工人员数量。
　　6. 按照洞内有轨运输最大运距，需设置两处会车平台。

1）无轨运输

第二阶段 TBM 施工无轨运输主要有弃渣运输、斜井物料运输和人员运输。

（1）弃渣运输

首先是通过连续皮带输送机及支洞皮带输送机将弃渣送至洞外，然后通过溜渣槽装至 20t 自卸汽车，再通过无轨运输车运至弃渣场。

自卸汽车每台车运渣量为 20m³，平均运速为 20km/h，最大运距为 1.2km，倒车、会车、翻渣及接渣时间总计 8min，计算每台汽车完成运输循环的时间为：

$$\frac{1.2\times2}{20}+\frac{8}{60}=0.25（\text{h}）$$

按照 TBM 刀盘开挖直径，每循环虚渣量如下。

Ⅲ类围岩：

$$3.14\times3.965\times3.965\times1.8\times1.6=142.2（\text{m}^3）$$

Ⅴ类围岩：

$$3.14\times3.965\times3.965\times1.8\times1.75=155.5（\text{m}^3）$$

按照 TBM 在不同围岩下的推进速度，换步、调整姿态考虑时间为 5min，计算 TBM 在 0.25h 内实现连续掘进产生的虚渣量如下。

Ⅲ类围岩：

$$\frac{0.25\times60}{\frac{1.8}{10}\times100+5}\times142.2\approx93（\text{m}^3）$$

Ⅴ类围岩：

$$\frac{0.25\times60}{\frac{1.8}{10}\times100\times0.3+5}\times155.5\approx36（\text{m}^3）$$

因此，取最大值 93m³，需要自卸汽车数量为：93/20≈4.65 台，考虑 1 台为备用，总计计划洞外转渣自卸汽车为 6 台，弃渣无轨运输时间见表 3-14。对于掘进中产生的局部坍塌导致输渣量集中增加，在运输车辆不到位的情况下，可利用应急皮带系统转渣至应急存放区，等空闲时间二次倒运至弃渣场。

第一阶段洞外弃渣无轨运输循环时间表　　　　表 3-14

车编号	3min	6min	9min	12min	15min	18min
①号						
②号						
③号						
④号						
⑤号						

注：红色表示溜渣时间按 3min 计；绿色表示运输、会车及翻渣时间；黄色表示等候及准备。

（2）斜井物料运输

斜井物料运输主要为 TBM 掘进提供即时喷射混凝土，支护材料及 TBM 施工辅助材料和消耗性材料。

8 号支洞安装 1 台 60 搅拌机为喷射混凝土服务，斜井无轨运输采用材料专用汽车，平均运速 5km/h，最大运距 1.2km。洞内倒车、会车及吊装时间总计 10min。计算每台汽车完成运输循环的时间为：

$$\frac{1.2\times2}{5}+\frac{10}{60}=0.65\,(\text{h})$$

喷射混凝土罐接料时间为 15min，由此可以推算出要实现混凝土的连续生产运输作业，需配置喷射混凝土专用汽车 3 台（表 3-15），而喷射混凝土中时间盈余 6min，可以安排材料专车进洞，同时在 TBM 停机保养期间可以安排喷射混凝土专车进洞进行材料运输储备，因此只需配置 1 台材料专用汽车。

第二阶段洞内混凝土无轨运输循环时间表　　　表 3-15

注：红色表示溜渣时间按 3min 计；绿色表示运输、会车及翻渣时间；黄色表示等候及准备。

（3）人员运输

第二阶段施工人员运输采用中巴车进行斜井段接送，考虑白班作业人数太多，因此，衬砌施工人员和 TBM 掘进施工人员需分开运送。

2）有轨运输

TBM 施工第二阶段有轨运输主要为掘进方向的喷射混凝土、机具材料运输和人员运输。

因为 TBM 第二掘进段方向的运输跟第一掘进段相同，有轨运距较小，因此，按照第一掘进段编组配置 2 列混合编组，编组形式相同。

3.5 TBM 快速维修保养技术

TBM 的维修保养，对 TBM 能否正常施工起着决定性的作用。为此，经过项目部仔细研究，建立施工与保养相结合，定检与抽查并举的措施，并通过在管理实践中的逐步探索和总结，建立和完善了一整套科学、实践性强的快速维护保养制度。

3.5.1 维修保养班组

组建专业维修保养队伍。在固定时间停机进入保养班作业，每掘进完成一循环进入刀盘检查。建立定检和抽检相结合的制度，将刀具、传送皮带等易损部位列为固定检查内容，将其余项目列为抽检的范围。

3.5.2 定岗定责

形成定岗、定责制度。按照作业流程、工序划分、维修保养责任区,形成定岗、定责,负责一个系统。

3.6 小结

通过本章研究可得出如下结论:

(1)常规法步进每循环比弧形底板步进多出 40s 时间,且弧形底板每循环步进距离一般为 1.9m,常规法步进只有 1.8m。

(2)常规平底板步进受外部影响较大,加垫木板等误时较多。

(3)在长距离弧形底板连续步进时速度快,相比常规平底板步进速度提高约 3 倍,有效地提高了 TBM 步进的效率。

(4)TBM 在圆形段面弧形底板步进相比于常规法步进施工减少了步进设备、施工材料及施工人员等资源的投入,经济效益显著。

第4章

TBM穿越不良地质施工关键技术

Key construction technologies of Open-type TBM——
A Practice in Jilin Yinsong water supply project

Key construction technologies of Open-type TBM——
A Practice in Jilin Yinsong water supply project

4.1 总体思路及主要施工对策

(1) 施工的总体思路

为确保总工期,首先对现已探明的不良地质段及时采取钻探验证,确定不良地质空间位置及性质,对突泥及 3m 以内的溶洞等不良地质经监理人同意后提前进行钻爆处理,TBM 步进通过;施工过程中强化超前地质预报的作用,按监理人批准或指定的超前地质预报措施,在不良地质段将其作为工序管理,针对不同情况区别对待,以主动采取措施为主,加强初期支护。

(2) 主要施工对策

①超前地质预报结果预测前方为断层破碎围岩时,报请监理人施作超前探孔予以验证,视探孔取芯分析情况决定掘进措施。

②在可能遇到的较大规模不良地质洞段,尤其需重视加强超前地质预报工作,按照"超前支护、短进尺、勤换步、早封闭、强支护、初期支护一次到位"的原则组织施工,按监理人批准的措施实施超前预注浆和加强支护处理。

③在断层带施工中出现大规模地下涌水时,应遵循"以排为主,排堵结合"的原则,具体措施如下:

a. 由于隧洞涌水多发生在断层破碎带及侵入岩接触带,故在业主提供的地质勘探资料的基础上,充分利用已经验证成功的地质预测预报手段,采用 TSP203、地质雷达、红外探水等物探手段,结合超前地质钻探的综合地质预测预报手段,探明前方及隧洞周边可能的突水情况。

b. 施工中,根据超前地质预报结果,采用超前探水孔验证的方法,判明涌水量、分布情况、补给方式、变化规律,根据具体情况采取不同的措施,根据探水孔涌水量及水压力来决定采用引、排、封堵和排堵结合哪种具体措施,做到不出现突水和大的涌水。

c. 通过涌水洞段时,TBM 冷却回水管改为排水管,后配套 200m^3/h 排水泵随时准备启动排水。

d. 建立突、涌水的预警报警系统并制订应急预案,确保人员和设备的安全。

④对于掌子面具备一定自稳能力,掘进后在护盾区域因地质原因出现坍塌的情况,在报请监理人批准后,以"先掘进通过,后加强初期支护"的原则组织施工。掘进时放慢刀盘转速和推进速度,减少围岩扰动,在护盾区域因地质原因出现的坍塌及时清运,围岩出护盾后加强初期支护,主要措施是增设排筋、加密拱架(必要时采取双排拱架)和加强拱架间连接作用,塌腔采用型钢等临时支护后及时采用喷射混凝土回填。

⑤当掌子面自稳定能力差、不具备全断面TBM掘进时,则从护盾后开绕洞至掌子面,采用钻爆法施工处理后TBM步进通过的方法。

⑥根据招标文件地质资料,钻孔岩溶洞穴出现率33%,在构造破碎带和岩性接触带处常形成一定规模岩溶洞穴。洞穴多充填,充填物以碎石土为主,密实程度不一,电阻率低,工程性质不良。本标段溶洞情况详见表4-1。

本标段溶洞情况统计表　　　　　　　　　　　　　　　　表4-1

所在区段	钻孔编号	钻孔方向高度(m)	与隧洞位置关系	溶洞类型	备注
北沟至小河沿(桩号:K63+884～K65+978)	1057	16.4		大多充填红褐色黏土含碎石	位于TBM掘进段
	0626	7.3	距洞顶26m		
	1059	—	洞顶以上		
	1056	—	洞顶以上		
小河沿至碱草甸子(桩号:K65+978～K67+913)	1060	—	洞顶以上	大多充填红褐色黏土含碎石	位于小河沿钻爆段
	1061	5.1	距洞底下2m		
	1062	—	洞身及洞顶以上		
碱草甸子至永盛兴(桩号:K67+913～K71+046)	0631	3.1	距洞顶36m		位于TBM掘进段

4.2 不良地质超前预报技术

TRT600无线地震波三维成像地质超前预报系统采用地震层析成像技术,经复杂介质传播记录的地震波信号是由折射、反射、散射、弥射等多类波形所组成,层析成像和全息成像是常用的利用信号波形及相位变化来估计介质性质变化的位置和范围的反演技术。

(1)工作原理

TRT是隧道地震波反射层析成像技术的简称,该技术的基本原理在于当地震波遇到声学阻抗差异(密度和波速的乘积)界面时,一部分信号被反射回来,另一部分信号透射进入前方介质。声学阻抗的变化通常发生在地质岩层界面或岩体内不连续界面。反射的地震信号被高灵敏地震信号传感器接收,地震波从一种低阻抗物质传播到一个高阻抗物质时,反射系数是正的;反之,反射系数是负的。因此,当地震波从软岩传播到硬的围岩时,回波的偏转极性和波源是一致的。当岩体内部有破裂带时,回波的极性会反转。反射体的尺寸越大,声学阻抗差别越大,回波就越明显,越容易探测到。通过分析回波,可以了解隧道工作面前方地质体的性质(软弱带、破碎带、断层、含水等)、位置及规模。

(2) 设备主要组成

检波器 10 个（灵敏度 1V/g，接收范围 10～10000Hz）、检波器固定块 10 个、无线模块 11 个、无线通信基站 1 个、触发器 1 个、主机 1 台（包括 Sawtooth 地震波采集软件和 RV3D 分析软件）。

(3) 观测系统布置

TRT 的震源和检波器采用分布式的立体布置方式，具体方法如图 4-1 所示。

(4) 仪器数据采集

仪器的工作过程为：在震源点上锤击，在锤击岩体产生地震波的同时，触发器产生一个触发信号给基站，然后基站给无线远程模块下达采集地震波指令，并把远程模块传回的地震波数据传输到便携式计算机上，完成地震波数据采集。仪器连接如图 4-2 所示。

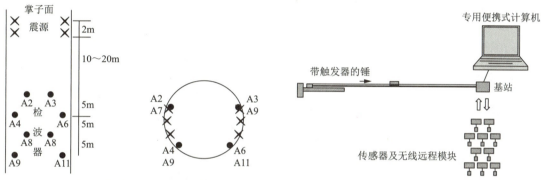

图 4-1 震源和检波器的布置方法　　　　图 4-2 TRT600 地震波采集系统模型

(5) TRT600 探测结果（K66+349～K66+237）

K66+349～K66+237 段探测结果如图 4-3 所示。

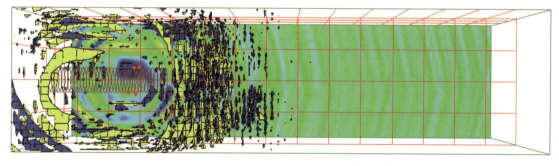

图 4-3 TRT600 三维探测俯视结果图

从图 4-3 中可以看出，桩号 K66+349～K66+237 段地震波正负反射界面较强烈，多呈片状或局部块状，蓝黄相互交错，且局部正反射较强呈蓝色区域。推测该段岩体完整性差～较破碎，局部存在大的掉块、塌方可能。裂隙、溶隙水发育，存在涌水风险。

(6) 地质素描结果（K66+349～K66+309）

K66+349～K66+309 段地址素描结果如图 4-4 所示。

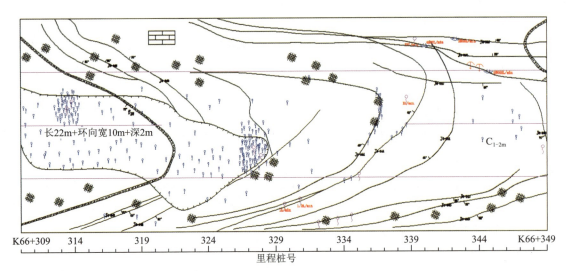

图 4-4 地质素描投影

从图 4-4 中可以看出，桩号 K66+349～K66+329 段围岩为泥盆系灰岩，灰白色，岩体较破碎，节理裂隙发育，多处密集节理，地下水发育，局部洞段涌水，溶蚀裂隙发育，沿裂隙发育串珠状溶腔，为Ⅴ类围岩。桩号 K66+329～K66+309 段，围岩为灰岩及闪长岩，出露小断层，受断层影响岩体极破碎，地下水发育，多处密集滴水，围岩顶部大面积塌腔、掉块，为Ⅴ类围岩。

评价分析：在不良地质条件下掘进，TRT600 超前地质预报对于断层、溶腔及低阻异常带长距离探测效果显著明显，在掘进施工过程中，提供了不少有利的信息。

4.3 TBM 穿越浅埋富水沟谷段施工技术

TBM 遇涌水、突泥地段必须提前进行超前地质预报，确定长度范围，准确判定发生部位。如判定是突泥地段，则采取钻爆法绕洞施工的方式提前处理突泥地段，TBM 步进通过；若仅为涌水，无突泥或掌子面失稳时，可利用 TBM 所配备的钻孔注浆设备实施地层加固处理。但钻爆绕洞施工法及地层加固法处理施工周期较长、成本投入较大，严重影响 TBM 施工效率及施工成本。

本施工段开敞式 TBM 穿越的富水区，涌水流量为 1200m³/h 且出现充水充泥渣的溶腔，按照"以排为主、以堵为副，排堵结合"的理念进行处理。

（1）施工准备

对设备进行全面检查，保证设备处于完好状态，人员准备到位，应急物资准备充足，同时完善排水系统，增加排水设施。

(2)掘进参数控制

整个掘进应在手动模式下进行掘进参数的调整,转速保持在 2.5～3.5r/min,推进速度控制在 15～25mm/min,扭矩控制在额定值的 40%～60%,撑靴压力控制在 180～220bar。

(3)施工组织

掘进过程中对于涌水及时启动应急排水设备,对于泥渣组织人员进行人工清理,同时彻底对整个刀孔、刮渣孔进行清理,并对所有刀具进行一次全面的检查,打消在掘进施工中刀具异常损坏的顾虑,并加强连续皮带出渣系统及电机设备的巡查、保养工作。

(4)支护措施

坚持"防止临空面发展,支护宁强勿弱、短进尺、强支护、勤量测的原则",采取加密钢拱架(即 45cm/榀)、钢筋排、工字钢纵连、喷射混凝土封闭及灌注混凝土等联合支护措施。拱顶及撑靴位置出现坍塌、掉块现象处理措施参照 TBM 穿越断层破碎带施工方法。

(5)掘进完成

对掘进过后出露的出水点,安装排水钢管进行引排,保证喷射混凝土质量。同时待出水点到达 TBM 后侧启动注浆系统,采用化学注浆法对出水点进行封堵。

4.4 TBM 穿越灰岩岩溶溶洞群施工技术

灰岩地层 TBM 施工是本标段施工重难点。对灰岩地层地质情况、超前地质预报、加强支护、监控量测、应急预案等进行深入研究,形成针对灰岩地层 TBM 掘进的整套技术管理体系。

4.4.1 灰岩构造类型及其对 TBM 施工的影响

本节结合水文地质情况分析,总结灰岩地层溶洞发育情况对 TBM 施工具有的影响。

(1)小型溶洞群

TBM 掘进可能揭露围岩连续出现的小规模溶洞。小规模溶洞对 TBM 掘进通过不会造成本质影响,但可能出现局部小规模塌腔、掉块,造成人员和机械损伤,影响施工。

(2)大型空洞溶洞

大型空洞溶洞会对 TBM 掘进造成极大威胁,TBM 贸然掘进揭露这一类型岩溶构造容易发生塌方、卡机事故,造成 TBM 难以掘进。尤其在隧道下部揭露时,可能产生 TBM 低头,甚至掉机的事故。

(3)大型充填溶洞

由于该段落地下水补给充沛,溶洞充填的可能性很大。TBM 揭露大型充填溶洞往往难

以避免涌水、突泥灾害,轻者淹没掘进工作区域,延误TBM施工,重者导致掌子面或附近围岩坍塌等严重后果。

(4)岩溶管道

本段落沿线断层破碎带发育且地下水丰富,灰岩地层中的岩溶管道很容易连通富水断层。TBM揭露小规模岩溶管道可能出现洞壁涌水,延误施工。如果揭露沟通大规模含水构造的岩溶管道甚至地下暗河,将造成难以估量的人员及财产损失。

4.4.2 施工对策

通过溶洞填充带时,由于岩质软弱,围岩强度应力比大,施工中有可能产生软岩塑性变形,造成片帮剥落、掉块、断面收敛变形大、成洞困难等问题。在此情况下,处理的总体思路是:锚、注、喷一体化(锚、注为核心)围岩加固—支护,现场处理措施根据实际情况报监理人批准后实施。

(1)超前地质预报判定溶洞的空间位置、大小、有无填充等,考虑隧洞开挖围岩稳定及衬砌结构受力安全,溶洞处理范围按2倍主洞开挖洞径控制。

(2)当判定溶洞位于隧洞开挖洞壁周围3m以内时则停止掘进,采用钻爆法施工绕洞提前进行处理,TBM步进通过。

(3)若判定溶洞位于隧洞开挖洞壁2倍洞径以外时,对隧洞的围岩稳定及衬砌结构受力影响小,所以不做处理;为了防止隧洞渗透压力水沿洞壁围岩裂隙与溶洞贯通,引起渗透破坏,对洞壁围岩进行固结灌浆,增加围岩的整体密实性,提高围岩弹性抗力。

(4)若判定溶洞位于隧洞开挖洞壁周围3m至2倍洞径范围时,则TBM掘进需采取以下措施。

①对于有填充溶洞,采用静压灌浆法,利用水泥浆固结填充物,浆材为纯水泥浆;通过溶洞处理,达到采用水泥浆液加固溶洞填充物,稳定溶洞洞壁的目的;注浆终压0.5~0.8MPa,以使水泥浆有足够的扩散半径,达到将溶洞空间充满的目的。注浆压力逐步提高,达到注浆终压后继续注浆10min以上;溶洞压浆时采用单孔注浆,钻探孔径为110mm,注浆管外径约55mm,单孔可兼顾注浆及排气的作用,浆液扩散半径以3m计,钻孔布置依据浆液扩散半径确定,初步拟定为注浆孔距为2m×2m。

在松散、软弱破碎的岩体中开挖洞室,应尽量减少对围岩的扰动,宜采用先护后挖、边挖边护或先对岩体进行加固后再开挖等方法。或者采取一掘一支护,稳步前进,即开挖一循环先喷混凝土,然后打锚杆、挂网,再喷混凝土至设计厚度,如此循环掘进。围岩稳定性特别差时,爆破后立即喷混凝土封闭岩面,出渣后,再打锚杆、挂网、喷混凝土,必要时安设钢支架(格栅支架)增加支护能力。

②对于无填充溶洞,采用注入砂浆进行回填,根据溶洞范围确定注浆孔布置。通过溶洞处理,达到填充溶洞,提高溶洞洞壁岩体稳定性的目的,以使TBM施工顺利进行。砂浆的技术指标:砂采用细砂,细度模数2.3~2.8;注浆材料采用纯水泥浆,水泥采用P·O42.5R级

的普通硅酸盐水泥,砂浆比例为水泥∶砂∶水 =1∶2∶2,具体比例可通过现场试注进行调整;注浆终压 0.5～0.8MPa。注浆压力逐步提高,达到注浆终压后继续注浆 10min 以上;根据溶洞范围确定注浆孔数量,注浆孔间隔 4m,每次注浆孔成对布置,一处为注浆孔,一处为排气孔。

③洞穴中有地下水时,应根据地下水位的埋深,采取弱透水材料回填、水泥灌浆、截水洞截水、堵塞、排水等措施。当洞穴在地下水位以下时,宜以排为主,堵、截结合;当洞穴在地下水位以上时,宜以堵为主,堵、排结合。

除以上措施外,需采取以下措施确保 TBM 顺利通过。

(1)利用设备配置的超前钻机,施作超前小导管或超前管棚预支护后再掘进通过。

(2)由于 TBM 护盾较短,发生卡盾的概率相对降低。若围岩收敛变形比较轻微或者速度较慢,掘进通过后将围岩暴露出来,出护盾后加强初期支护,视情况采用锚、网、拱架联合支护,必要时出护盾后立即喷射混凝土,同时加强观测,并尽量减少刀盘喷水,发现有围岩塑性变形或膨胀现象,立即停止喷水,并加快速度尽快通过。

(3)遇软岩变形不均易造成 TBM 掘进方向偏离或溶洞在隧道底部的,为防止 TBM 机头下沉,对溶洞底部充填物进行换填,然后回填埋石混凝土加固,根据洞底充填物厚度、物力力学性能,采取深层固结灌浆等措施。

(4)若隧洞洞壁承载力低,无法提供支撑反力时,在撑靴处采用喷锚网 + 钢拱 + 灌注混凝土的联合支护方式对撑靴部位洞壁处理后再掘进,必要时打锚索加强初期支护后再掘进通过。

(5)若围岩收敛变形较为严重,首先利用 TBM 的扩挖功能,外垫边刀加大开挖直径,围岩出护盾后,及时施作初期支护,必要时采用短进尺、加密拱架或现浇仰拱混凝土、喷射钢纤维混凝土等措施加强支护。

(6)若 TBM 被卡,则加大掘进推力并在护盾与围岩间强行注入润滑剂,减少护盾与围岩间的摩擦,勉强通过后立即施作初期支护系统。若 TBM 无法推进,则在护盾范围内进行人工扩挖,然后通过。

(7)根据洞顶充填物的物理力学性能,在二次衬砌背后通过围岩进行二次固结灌浆,以提高围岩弹性抗力。

4.4.3 超前地质预报

本标段中 TBM 掘进通过岩溶区溶洞共计 5 处,其中影响最大的岩溶区溶洞高 16.4m,其次高 7.3m,距洞顶 26m 处(桩号 K63+884～K65+978),钻孔探测均未侵入隧洞岩体。该段应加强超前地质预报,结合红外线探水及超前地质钻机多方法多手段加强该段隧洞岩体的超前地质预报,判定预报溶洞的空间位置、大小、产状、性质、充填物的状态,是否为充水溶洞,预报掌子面前方一定范围内是否存在涌水、突泥等施工风险,及时反馈信息并指导 TBM 施工顺利通过。

4.4.4 溶蚀及小溶洞群处理技术

1）溶蚀及小溶洞群处理措施

对距开挖洞壁 2 倍洞径外的溶洞不做处理。对 TBM 掘进过程中揭露出的溶洞和探测出的距开挖洞壁 2 倍洞径内未揭露出的溶洞,根据岩溶形态大小、充填特征、充填物性质、岩溶水量及岩溶与隧洞的位置关系等采用不同的处理措施。

（1）溶蚀及溶洞在拱顶位置

溶洞出现在拱顶位置,在溶洞出露护盾前先安装 ϕ12mm 或 ϕ16mm 钢筋排及 I16 钢拱架（间距可选择 45cm、90cm、180cm）进行支护。若溶洞内有充填物并伴有掉块,为防止钢筋排变形和钢拱架收敛,将 ϕ22mm 连接筋改为 I16 工字钢与钢拱架进行纵向连接,必要时减小钢拱架间距;若溶洞内无充填物,待溶洞出露护盾后,采用 I16 工字钢支撑一端与钢拱架焊接,一端顶紧岩面,待 I16 工字钢焊接牢固后将 ϕ8mm 钢筋网片填塞至空腔内,采用钢板等对溶洞进行封闭并安装 ϕ42mm 注浆管与排气管,采用 C20 细石混凝土对溶洞溶腔进行回填,并在后配套进行回填灌浆作业,如图 4-5 所示。

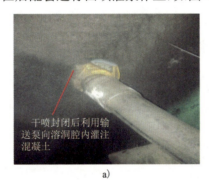
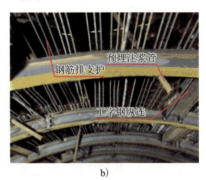

a)　　　　　　　　　　b)

图 4-5　拱顶处理措施

（2）溶蚀及溶洞在撑靴位置

溶洞出现在撑靴位置时,分两种情况进行处理。

①溶洞内含有充填物且较破碎时,在 TBM 撑靴位置安放 H150 型钢或 I16 工字钢,为 TBM 撑靴提供足够支撑力,并提前进行网片挂设或钢筋排安装,采用应急喷射混凝土对溶洞位置进行喷射混凝土处理,喷射混凝土厚度与钢拱架内弧面齐平,待混凝土强度达到要求后,TBM 慢速掘进通过。

②溶洞内无充填物,在拱架背部安放 H150 型钢或 I16 工字钢并焊接,或塞填折叠的 ϕ8mm 钢筋网片和 ϕ22mm 钢筋,并在该处挂网喷射混凝土,喷射混凝土厚度与钢拱架齐平,待混凝土强度达到要求时,TBM 慢速掘进通过,如图 4-6 所示。

 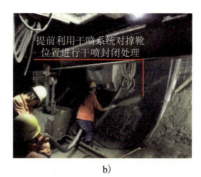

a)　　　　　　　　　　　　　　　　b)

图 4-6　撑靴位置溶洞处理措施

（3）溶蚀及溶洞在隧洞底部

TBM掘进过程中加强对掌子面围岩的预判,结合物探地质预报推断隧洞底部溶洞存在的可能性及规模,然后启用应急泵站及管路深入刀盘前方对隧洞底部溶洞进行回填,实现边回填边缓慢推进的技术处理措施。溶洞在隧洞底部时,钢拱架底部采用I16工字钢进行纵向连接,防止钢拱架和轨排发生不均匀沉降,确保支护安全和机车运行安全。

2）溶蚀及溶洞溶腔回填及注浆施工

（1）连接回填及注浆管路

提前在护盾后利用锚杆钻机预埋安装回填及注浆管,注浆管与小导管采用螺纹连接,注浆套管上设置出气管与进浆管,由阀门来控制开关。安装$\phi 20mm$塑料管作为排气管,连接注浆管等各种管路,利用锚固剂、棉纱封闭喷混凝土面的孔隙,防止漏浆。管路连接好后进行压浆试验,以检查和确定注浆设备、压力表及管路的有效性和可靠性,回填及注浆管路必须延伸至设备桥位置并尽可能靠前。

（2）回填及注浆

当初期支护面喷混凝土封闭以后,要及时在设备桥位置进行回填和注浆二次加固,注浆泵按照由低到高的顺序向孔内注浆。注浆前将已打设的注浆孔进行临时封堵,防止串浆,同时保证注浆时压力,当达到设计终压并继续注浆 10～15min 后停止注浆,如图4-7、图4-8所示。注浆过程中如压力突然升高,可能发生堵管,应停机检查。

图 4-7　拱顶混凝土回填　　　　　　　图 4-8　单液浆注浆回填

（3）封孔

采用止浆阀封孔,止浆阀与注浆管连接,单孔注浆完成后关闭止浆阀,待浆液凝固后拆除止浆阀。

4.4.5 施工监控量测

TBM穿越灰岩岩溶施工前后,要在日常监测的基础上,对该段加强监控。根据安全监测实施原则结合本工程的特点,进行的监测内容主要包括以下两点。

(1)洞壁表面及支护面观察

观察洞壁,描述围岩的岩性、结构面产状、节理裂隙形态及充填物、含水情况以及出露护盾后围岩;检查已完成初期支护或部分初期支护的喷射混凝土有无裂损及发展,锚杆有无松动,拱架有无变形等。

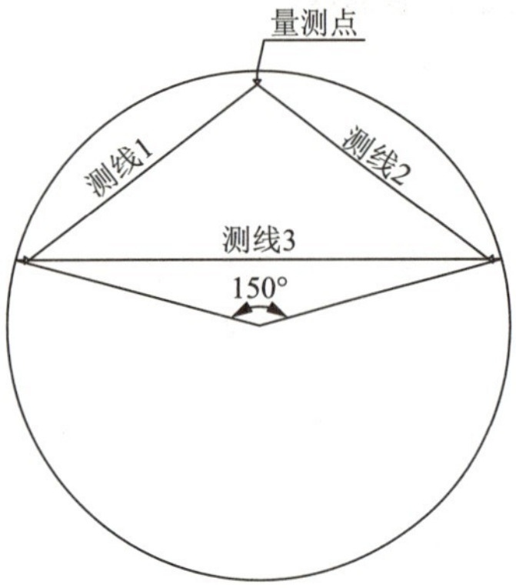

(2)变形收敛量测

TBM施工段变形收敛采用无尺测量。针对断层破碎带围岩段,必须加强围岩的变形量测,量测断面间距:Ⅴ类围岩破碎带地段为5m,Ⅳ类围岩地段为10m。采用收敛计观察点位间的变形率。图4-9为量测点布置断面图。

量测结果中如发现净空变化持续大于1.0mm/d,说明围岩处于急剧变形状态,则需加强支护。具体量测项目及仪器见表4-2。

图4-9 量测点位布置断面图

隧洞施工监控量测项目表　　　　表4-2

序 号	监测项目	方法及工具	备 注
1	地层及支护情况观察	观察、描绘、地质罗盘	必测项目
2	隧道拱顶下沉	水准仪、钢卷尺	必测项目
3	隧道底部隆起	水准仪、因瓦尺	必测项目
4	隧道净空位移	全站仪	必测项目
5	TBM洞内振动	DASP-V10系统	必测项目
6	噪声测试	DASP-V10系统	选测项目
7	孔隙水压力	孔隙水压计及VW-1型频率接收仪	选测项目

4.5 TBM穿越断层破碎带施工技术

4.5.1 超前地质预报

在日常的超前地质预报基础上,断层破碎带超前地质预报采用长短距离相结合的方式,准确地预测出破碎段围岩里程及长度。短距离地质探测采用红外探水、超前地质钻机钻孔探测,结合地质素描、地质展示图综合分析出掌子面前方围岩的岩性、结构、构造和地下水情况,判断断层破碎带的位置、宽度、产状、性质、充填物的状态,是否为充水断层,并判断其稳定程度,预报掌子面前方一定范围内有无突水、塌方等施工风险,及时反馈信息,做好施工风险源的辨别,并及时调整掘进参数,编制不良地质段施工技术交底及应急预案,指导后序施工。

4.5.2 判定影响程度及处理措施

TBM通过断层一般有两种施工方法:一是当遇到区域性大断层、大规模岩溶地层、突泥涌水时,TBM无法直接掘进通过,须从TBM后方钻爆施工绕洞至TBM前方,对断层段采用爆破开挖处理后TBM步进通过;二是对一般不良地质断层采用超前加固及掘进过程中加强支护的措施,TBM直接掘进通过断层破碎带。

本标段TBM掘进通过的较大断层为F_{w31-3}断层,断层带宽不确定,影响带宽度200m(桩号K61+813~K62+013)。从TBM后方开挖绕洞提前钻爆处理的方式从经济、工期等角度均不合理,但是该断层距离8号支洞TBM接收洞比较近,可以采用钻爆接应方式进行提前处理,也可以采用直接掘进通过的施工方式。考虑钻爆接应的不可确定性,本方案只讨论直接掘进通过的方式。

TBM掘进通过断层破碎带施工视围岩地质情况,通过调整TBM掘进参数,控制循环进尺(0.5~1.0m),采用超前支护、及时进行初期支护、灌浆回填及加强支护等措施,合理组织,实现主机部分的快速通过,再利用复喷混凝土进行加强支护处理。同时加强围岩收敛和支护变形量测,确保安全施工。具体处理方法如下:

(1)调整TBM掘进参数

TBM在软弱围岩中掘进,如果仍按在硬岩下的掘进参数进行施工,极易产生围岩剥落增大,支护工作量增加。严重时,可能发生刀盘被卡、皮带输送机皮带被拉伤或被卡滞,使刀具过多损坏,或导致TBM撑靴打滑造成意外停机;或掘进方向不好控制,导致刀盘下沉,机身滚动,造成掘进方向出现过大偏差等。这些问题的发生将影响TBM的高效施工性能的发挥,严重制约TBM的施工进度,且施工质量也很难保证。为了尽可能避免上述问题的发生,掘进采用人工手动模式,对掘进参数进行必要的调整。

①刀盘转速:在软弱围岩中,依据上一个掘进循环的掘进参数,若刀盘推进力较大,而且皮带上的岩渣均匀,大块较少,可采用高速掘进;若上一个循环的刀盘推力较小,且岩渣不均匀,大块较多,宜采用低速掘进,降低其贯入度。

②撑靴压力:撑靴压力的大小取决于洞壁岩石的完整性及饱和抗压强度。撑靴压力要满足TBM推进速度的要求。

③刀盘扭矩:在软弱围岩中,刀盘扭矩过大,易产生机身滚动、撑靴打滑。扭矩一般控制在75%左右。

④刀盘掌子面坍塌时:注意观察监视器屏幕,若皮带输送机上的岩渣会有很多大块,并且皮带输送机上的岩渣突增,皮带输送机压力指示明显升高,必须立即停止TBM推进,继续转

动刀盘和皮带输送机进行刮渣,防止皮带输送机被卡或拉伤。如果渣量仍不能下降,应立即使刀盘后退 3～5cm,严重时继续后退刀盘,直到上述参数恢复正常,方可恢复 TBM 推进。

⑤护盾后发生坍塌时:一般护盾后坍塌的区段是在围岩出露护盾及前后各 1m 左右的位置,前段可一直延伸到掌子面,因此,安全有效的处理区段就在护盾后 1～2m 的范围内。出护盾后无法进行超前支护,只能进行初期支护及加强支护措施。如果坍塌不严重,仍继续推进直到能立拱的尺寸,停止掘进,进行支护;如果坍塌严重,应立即停机进行支护,掘进一段支护一段,直至安全通过。

(2)超前支护

超前支护主要是针对尾盾前方不良地质段围岩的超前预加固措施。当围岩较破碎时,利用刀盘刮渣孔位置于隧道拱部 90°范围内采用 ϕ25mm 自进式锚杆超前注浆加固,以 1.8m 为一超前注浆循环段。注浆材料采用具有渗透范围大、固结时间快等特点的新型化学浆液(如杰佛莱、马丽散等)。超前注浆锚杆长度 3m,环向间距 1m,外插角 20°。超前锚杆施作见图 4-10。待掌子面围岩固结稳固后,TBM 方可掘进,待围岩出露护盾后依据围岩状况选择相关支护参数进行初期支护。为控制围岩变形,待掘进断面完成初期支护后,在上半圆范围内采用 ϕ42mm 小导管径向注浆补强加固围岩,小导管长 4m,纵、环向间距均为 1m,梅花形布置。注浆材料采用单液水泥浆。

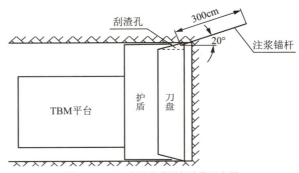

图 4-10　TBM 超前注浆锚杆施作示意图

当围岩破碎或极破碎时,利用刀盘刮渣孔位置于隧道拱部 150°范围内采用 ϕ25mm 自进式锚杆超前注浆加固,以 1.8m 为一超前注浆循环段。注浆材料采用新型化学浆液(如杰佛莱、马丽散等)。超前注浆锚杆长度 3m,环向间距 1m,外插角 20°。待掌子面围岩固结稳固后,TBM 方可掘进。支护形式参照相关围岩参数选择。为控制围岩变形,待围岩出露护盾后依据围岩状况选择相关支护参数进行初期支护。为控制围岩变形,待掘进断面完成初期支护后,于护盾后仰拱面以上范围内采用 ϕ42mm 小导管径向注浆补强加固围岩,小导管长 4m,纵环向间距为 1m,梅花形布置。注浆材料采用单液水泥浆。超前支护的目的主要是,提高围岩自身稳定性,能有效控制围岩出护盾前的变形,防止其大面积坍塌。

(3)初期支护

①锚杆施工。

锚杆施工时,用 TBM 主机上配备的锚杆钻机来实现设计支护范围内的锚杆钻孔。本工程采用的锚杆类型为水泥药卷锚固锚杆,锚杆长度 L 根据围岩类别分为:L=2000mm、L=2500mm、L=3000mm 三种。

施工流程:钻孔→清孔→安装锚杆→安装垫板、螺母(弯钩锚杆没有此步骤)→喷射混凝土→进行下一个循环。

②钢筋网施工。

钢筋网施工根据设计支护参数的要求,在相应的围岩地段安装。钢筋网采用 ϕ8mm 钢筋,在洞外预制加工,钢筋网与锚杆连接要牢固,网片之间搭接 1~2 个网格,必要时可采用双层网片。

③钢筋排施工。

当围岩较破碎,安装钢筋网后仍有石块掉落且围岩仍不稳定的情况下,可采用钢筋排与钢架、喷射混凝土联合支护,钢筋排提前加工好,安装在护盾上的空槽中(环向安装范围视实际情况确定),当围岩不稳定时,将钢筋排一端与钢架连接牢固,随着 TBM 向前掘进,钢筋排逐步抽出,使围岩一出护盾即得到支护,并及时架设钢架,喷射混凝土进行封闭。钢架经扩张与岩面贴紧后安装夹板,然后利用锚杆钻机钻孔施作锁脚锚杆,并按设计要求设置纵向连接筋与上一榀钢架纵向焊接相连。

④钢架施工。

施工顺序:将加工好的钢架通过材料运输车运送到 TBM 起重机附近→由起重机运送到拱架安装器下方→分段连接钢架并旋转安装器,直至下一段拱架可以用螺栓固定在前一段的尾端→重复上面过程直至整环完成→当一环完成后由拱架安装器上的张紧机构将钢架向外扩张,并与岩面楔紧→钢架经扩张与岩面贴紧后安装夹板→利用锚杆钻机钻孔施作锁脚锚杆→按设计要求设置纵向连接筋与上一榀钢架纵向焊接相连。

⑤喷射混凝土。

喷射混凝土严格按照相关技术交底施工。

喷混凝土支护由 TBM 自带的喷射系统完成,混凝土采取有轨混凝土运输罐车进行运送。

岩面处理:若岩面地下水较多,首先对其进行封堵、接排水管或在岩面上凿沟进行引水;用高压水自上而下冲洗基岩表面并使岩石表面接近饱和状态;剥落部分,用喷射混凝土喷护填平。

若遇软弱破碎围岩,需要在护盾后初喷混凝土尽快封闭围岩,此时将利用 TBM 后配套上喷混凝土区域的混凝土输送管路接长,延伸至护盾后,利用护盾后应急混凝土喷射机械手进行初喷作业。待该段进入机械喷混凝土区域后,采用机械喷射方式复喷至设计厚度。

4.5.3 施工监控量测

断层破碎带围岩施工前后,要在日常监测的基础上,对该段加强监控。根据安全监测

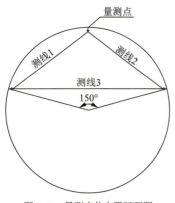

图 4-11　量测点位布置断面图

实施原则结合本工程的特点,进行的监测内容主要包括以下两点。

（1）洞壁表面及支护面观察

洞壁观察描述围岩的岩性、结构面产状、节理裂隙形态及充填物、含水情况等护盾后方已出露围岩；检查已完成初期支护或部分初期支护的喷射混凝土有无裂损及发展,锚杆有无松动,拱架有无变形等。

（2）变形收敛量测

TBM 施工段变形收敛采用无尺测量。针对断层破碎带围岩段,必须加强围岩的变形量测,量测断面间距：V 类围岩破碎带地段为 5m,Ⅳ类围岩地段 10m。采用收敛计观察点位间的变形率。图 4-11 为量测点布置断面图。

量测结果中如发现净空变化持续大于 1.0mm/d,则围岩处于急剧变形状态,则需加强支护。具体量测项目及使用仪器见表 4-3。

隧洞施工监控量测项目表　　　　　　　　　　表 4-3

序　号	监测项目	量测方法及仪器	备　注
1	地层及支护情况观察	观察、描绘、地质罗盘	必测项目
2	隧道拱顶下沉	水准仪、钢卷尺	必测项目
3	隧道底部隆起	水准仪、因瓦尺	必测项目
4	隧道净空位移	全站仪	必测项目
5	TBM 洞内震动	DASP-V10 系统	必测项目
6	噪声测试	DASP-V10 系统	选测项目
7	孔隙水压力	孔隙水压计及 VW-1 型频率接收仪	选测项目

4.6 TBM 穿越突泥涌水段落的施工技术

根据地质资料,本标段可能发生涌水、突泥问题的洞段最可能出现在如下部位：

(1)河谷、沟谷浅埋段,岔路河、北沟、小河沿、碱草甸沟。

(2)构造发育的沟谷段,F_{28}、F_{38}、F_{41} 等构造及低阻带发育的沟谷。

(3)线路穿越、靠近水库段,石门水库、黄榆水库。

对一般岩体而言,在施工开挖过程中多为渗水—滴水状态,初步估算每 10m 洞长涌水流量 <10L/min。局部洞身通过强风化或全风化岩体、岩性接触带,隧洞埋深浅,与地表水有

水力联系，因此，富水性也较强，初步估算每10m洞长涌水流量<100L/min。

岔路河 F_{24-2} 根据计算，最大涌水流量 Q_o 值范围为 $1620\sim3500\text{m}^3/\text{d}$；正常涌水流量 Q_s 值范围为 $555\sim1110\text{m}^3/\text{d}$。施工涌水将直接对 TBM 掘进造成重大影响，重者将淹没设备。根据敞开式 TBM 的施工原理，并结合国内外敞开式 TBM 施工案例和经验，对于较大规模的溶洞和突泥等不良地质段，在未采取其他辅助措施的情况下，敞开式 TBM 是无法通过的，因此，在征得监理人同意后将 TBM 无法通过的不良地质段提前钻爆处理。

4.6.1 施工措施

敞开式 TBM 遇突泥地段无法掘进通过，因此，必须提前进行超前地质预报，确定长度范围，准确判定发生部位。如判定是突泥地段，则需征得监理人同意后，采取钻爆法绕洞施工的方式提前处理突泥地段，TBM 步进通过；若仅为涌水，无突泥或掌子面失稳时，应采取以下措施。

（1）由于隧洞涌水多发生在断层破碎带及侵入岩接触带，故在业主提供的地质勘探资料的基础上，充分利用施工单位在圆梁山隧道高压富水地区的成功地质预测预报手段，采用 TSP203、地质雷达、红外探水等物探手段结合超前地质钻探的综合地质预测预报手段探明前方及隧洞周边可能的突水情况。掘进前，打超前钻孔，并结合破碎带探孔，以及探测钻孔的出水量、水压来确定涌水点里程。打超前放水孔进行放水，放水过程中时刻观察水压及水量变化，如水压减小，在做好排水系统的条件下，TBM 继续掘进。如排水孔水压及水量不减，开挖后造成工作面及侧壁坍塌或排水设施跟不上，采用注浆堵水。

（2）掘进中，根据超前地质预报结果，采用超前探水孔验证的方法，判明涌水量、水分布情况、补给方式、变化规律。根据具体情况采取不同的对策。根据探水孔涌水量及水压力来决定采用引、排、封堵和排堵结合哪种施工方式，做到不出现突水和大的涌水。

（3）掘进后，对工作面的涌水或注浆后的剩余水量及时排离工作面。对侧壁的漏水采用挡遮、引排措施，保证喷射混凝土质量。喷射混凝土后，由于水压升高有可能使一次支护破坏，则采用引排方法或壁后注浆法封堵。当水压过高，水量过大时，采用围岩注浆，将水封堵在围岩内部。

（4）通过涌水洞段时，TBM 冷却回水管改为排水管，后配套 $200\text{m}^3/\text{h}$ 排水泵随时准备启动排水。

（5）建立突泥涌水的预警报警系统和应急预案，确保人员和设备的安全。

4.6.2 突泥涌水施工技术

施工前编制突泥涌水应急预案，施工过程中结合超前地质预报判断突泥涌水的可能性及规模。发生突泥涌水后立即启动应急抢险预案，并针对具体情况采取相应的处理措施。

（1）进入刀盘探明掌子面围岩地质情况，通过刀孔、人孔及刮渣孔判定突泥涌水量的大小、突泥涌水的位置及规模形态，TBM 每推进 0.5m 至少观察 1 次，同时施作长距离 TRT 和地表钻孔。

（2）判定刀盘是否能够启动，对刀盘人孔及刮渣孔焊接钢板局部封堵，减小刀盘开口率以减少出渣量，每次掘进前要空转刀盘，将刀盘泥浆清理干净。

（3）在皮带仓位置堆码沙袋墙，防止刀仓里面的泥浆从皮带仓口涌出，刀仓内泥渣从皮带系统输送出去，避免影响底部支护结构施工。

（4）调整掘进参数。降低掘进速度、刀盘转速、掘进推力，避免出渣量大造成皮带堵死或急停。

（5）加强支护强度。围岩出露护盾后及时进行封闭并加强支护，采取加密钢拱架、钢筋排、工字钢纵连、喷射混凝土封闭等联合支护措施，溶腔内灌填混凝土，确保支护强度不留安全隐患。

（6）加强监控量测。加强支护完成后，及时布设监控量测点，并加密量测频率，将监控量测数据及时反馈，以指导现场施工。

（7）配置应急水泵及管路等抽排水设施，确保抽排水系统具备足够的抽排水能力，避免 TBM 设备被淹风险，应急抢险期间加强与供电部门的沟通，同时配备足够的备用电源，确保电力供应。

4.6.3　塌方施工技术

（1）超前地质预报。提前做好超前地质预报探测，并在掘进期间加强超前地质预报的频率，以确定塌方位置边缘、长度、深度以及含水情况等，并根据超前预报结果，提前调整掘进参数、姿态，洞内提前进行应急物资储备。

（2）掘进参数控制。TBM 通过断层破碎带时，适当减小 TBM 的掘进速度、刀盘转速、掘进推力、撑靴压力等掘进参数，这样能有效减小对围岩的扰动，从而减小塌方量。

（3）加强支护。围岩出护盾后及时进行加强支护，坚持"防止临空面发展，支护宁强勿弱、短进尺、强支护、勤量测的原则"，利用工字钢等型钢将临空面岩体支撑在钢拱架上，避免发生二次坍塌。

①拱顶位置：对于一般破碎地段，采用钢筋排、钢拱架、连接筋、喷射混凝土等联合支护；对于严重破碎地段，采用钢筋排、加密钢拱架或改为型钢拱架、工字钢代替连接筋、拱架背部加焊支撑等联合支护措施，必要时，利用应急喷护系统对该段进行干喷封闭；对于塌腔范围较大的位置采用灌注或喷射混凝土的方式进行填充，并注浆确保密实。

②撑靴部位：对于撑靴位置存在塌腔，无法提供撑靴反力，采取以下三种方法通过。

a. 在撑靴位置加垫方木。

b. 在撑靴位置挂网干喷混凝土封闭。

c. 灌注混凝土充填密实。

4.6.4 施工监控量测

加强支护完成后,及时布设量测点,并将变形收敛及速率变化数据反馈至工程部技术人员,技术人员根据反馈的数据决定是否采取补强支护措施。

4.7 小结

通过本章研究可得出如下结论:

(1)通过对 TBM 掘进期间遇到的不良地质问题进行分析,总结出了 TBM 在不同不良地质条件下的应对措施。可供同类 TBM 掘进施工参考。

(2)TBM 在不良地质条件下施工技术在施工过程中应用,降低了 TBM 掘进过程中刀盘低头、卡机等施工风险,也降低了初期支护变形破坏、拱顶坍塌等安全风险,实现了敞开式 TBM 在灰岩地层中长距离掘进的可行性,填补了国内 TBM 穿灰岩地层施工的空白。

(3)为 TBM 在浅埋富水沟谷段、灰岩岩溶溶洞群、断层破碎带和凝突泥涌水段落地质条件下掘进,提供 TBM 最为适合的掘进技术。

第 5 章

配套与辅助工程施工关键技术

Key construction technologies of Open-type TBM——
A Practice in Jilin Yinsong water supply project

Key construction technologies of Open-type TBM——
A Practice in Jilin Yinsong water supply project

5.1 人工钻爆法预处理施工技术

5.1.1 碱草甸子人工钻爆法预处理施工技术

1）地质概况

（1）工程地质概况

碱草甸子沟沟谷处隧洞埋深浅，覆盖层厚，围岩薄，风化厚，围岩强度低，地表水与地下水联系密切，可能存在溶洞。地下水对混凝土有中等腐蚀，对钢结构有弱腐蚀。

竖井井身由上至下分别为灰黏土，碎块土含黏性土。

正洞洞身为灰岩，碎屑结构，层状构造，Ⅳ～Ⅴ类围岩。

（2）水文地质概况

碱草甸子沟为茶壶咀河右岸支流，隧洞穿越断面以上控制流域面积为 2.98km²，设计控制洪水流量如表 5-1 所示。

碱草甸子沟设计控制洪水流量（m³/s）　　　　表 5-1

控制点	面积（km²）	P=2% 洪水流量	P=5% 洪水流量
碱草甸子沟	2.98	27.2	19.2

竖井断面 P=5% 及 P=2% 的水位分别为 244.16m、244.3m。

2）设计概况

吉林引松供水工程输水总干线四标段（TBM）位于永吉县岔路河至饮马河之间，线路桩号 K48+900～K71+900，总长度 23000m。其中隧洞主洞部分开挖采用全断面 TBM 施工为主、钻爆法为辅的施工方法。其中碱草甸子沟为浅埋洞段。碱草甸子沟平面位置如图 5-1 所示。

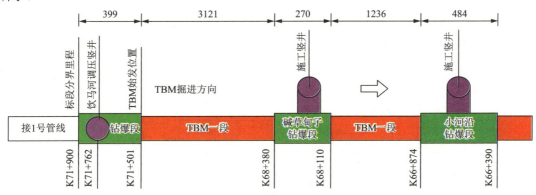

图 5-1 碱草甸子沟竖井平面位置图（尺寸单位：m）

碱草甸子沟竖井高为29.785m（与正洞衬砌相交处），与主洞K68+292处为交叉点，主支交叉底板衬砌顶高程为214.909m。一期施工范围内为K68+190～K68+380，长度190m。二期在竖井开挖后，根据岩石揭露情况确定采用钻爆法处理或洞内超前灌浆TBM掘进的施工方案，二期施工范围为K68+110～K68+190，长度80m。

设计碱草甸子沟竖井为施工通道，为临时建筑物，其保护对象为1级建筑物，使用年限为1年，按照4级建筑物设计；防洪标准按10年一遇洪水设计，按30年一遇洪水校核。设计烈度为Ⅵ度。设计弃渣场位于TBM3进口渣场Z10-2，距施工地点5.0km，渣场位于永吉县金家乡境内，渣场原占地面积108366m²，原设计堆渣容量500189m³，碱草甸子沟正洞石方13942.2m³，虚方22307.5m³，碱草甸子沟浅埋段处理渣运至此渣场后，平均堆高增加0.21m。

竖井封堵在主洞衬砌结束后，由洞底向上依次回填。竖直段地面2m以下采用开挖料回填，并压密实，其余到地面竖直段与施工场区一同回填腐殖土，进行复垦。

3）总体施工方案

（1）总体施工方案

土方回填至设计高程后，依次进行锁口圈、上部平台、竖井井身、正洞开挖支护、正洞底板施工。各部位施工方案如表5-2所示。

碱草甸子沟竖井及正洞施工方案　　　　　表5-2

项　目	开挖方式	提升方式	出渣方式		混凝土拌和运输
			井下	井上	
锁口及工作平台	挖机开挖	汽车式起重机	挖机	出渣车	汽车式起重机+渣斗
竖井井身	钻爆法	汽车式起重机	挖机	汽车式起重机+渣斗	搅拌站+输送管
马头门施工	钻爆法	汽车式起重机	挖机	汽车式起重机+渣斗	搅拌站+输送管
正洞开挖支护	钻爆法	抓斗门式起重机	挖机+农用车	抓斗门式起重机	搅拌站+输送管+农用车
正洞底板施工	钻爆法	抓斗门式起重机	挖机+农用车	抓斗门式起重机	搅拌站+输送管+罐车

（2）施工流程

竖井施工总体工艺流程如图5-2所示。

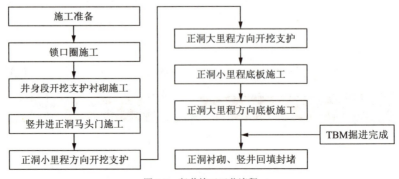

图5-2　竖井施工工艺流程

4）施工准备

(1) 开工前由测量人员测定出竖井中心位置以及上部平台位置，根据测定的中心位置对场地进行平整。清除施工范围内杂物。

(2) 就近取土进行回填土方，回填土使用砾石及黏土，不得使用腐殖土，回填土采用小型夯机夯实，每 30cm 夯实一次。

(3) 本段属于中等富水区，施工期排水量大，施工降排水依靠超前集水坑，在竖井中间位置布置一个临时集水坑，集水坑超前开挖面 50cm 左右，将井底的地下水汇集到坑内，由潜水泵抽出排至地面的废水处理池，经净化后排出。

5）竖井锁口圈施工

竖井锁口圈施工工艺流程：测量放样→开挖→钢筋绑扎→立模→混凝土浇筑→拆模养护锁口圈深度 2m，采用挖掘机开挖，每次开挖 1m，人工配合对井壁休整，保证断面符合设计要求。

施工人员、小型机具及材料的运送通过临时墙梯。基础挖出后绑扎钢筋（预留接茬钢筋）、立模板，浇筑锁口圈混凝土；夯实平台部分土质，预留接茬钢筋基础上绑扎平台钢筋，浇筑混凝土。

竖井井口段设计采用厚 70cm 的 C25 钢筋混凝土衬砌结构。采用组合钢模板立模，锁口分两次浇筑，采用 ϕ50mm 插入式振捣器进行人工捣固。浇筑混凝土 12h 后拆模，洒水养护，养护时间不小于 14d。

6）竖井井身段施工

竖井井身段施工工艺流程见图 5-3。

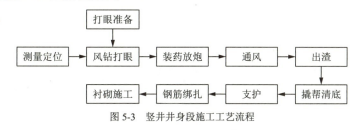

图 5-3 竖井井身段施工工艺流程

(1) 开挖

井身全风化段采用挖掘机直接开挖，灰岩段采用钻爆开挖，挖掘机出渣，人工辅助。初期支护采用锚喷挂网支护和格栅钢架相结合的形式。

隧道爆破施工工艺流程：测量放线→炮孔布置→施工准备→钻孔→吹孔→装药→填塞→连接起爆网络→警戒→爆破→通风排烟→爆后检查→进入下一工序。

(2) 出渣、清底及运输

①出渣方式。

采用 1 台 PC60 小型挖掘机装渣，人工配合清底渣，汽车式起重机提升 3m³ 渣斗出渣，出渣车运至临时堆土区为以后竖井封堵备用。

②人员、机具、材料的下放。

材料、小型机具的下放均通过汽车式起重机。人员上下井通过上下井扶梯。

（3）初期支护

根据施工图纸做好初期支护，初期支护均在出渣完成后依次施作。施工严格"一掘一护"的施工顺序进行，做到支护紧跟开挖，确保施工安全。

①喷射混凝土。

a. 施工方法。

喷混凝土施工时，采用自动计量JS750型搅拌机拌料，井口设置储料仓，喷射机安设于井外，人工上料，喷浆时通过喷射混凝土溜灰管、缓冲器、软胶管的方式进行喷混凝土作业。喷射混凝土施工工艺流程见图5-4。

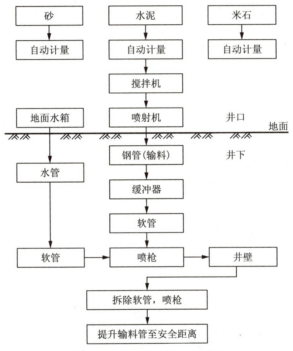

图5-4　竖井喷混凝土施工工艺流程

b. 喷射混凝土施工技术措施及注意事项。

（a）喷射前检查风水管路，有无漏风、跑水现象，如发现要及时更换。

（b）检查输料管有无磨损、漏风、跑料的现象，如发现要及时修理或更换。

（c）喷前先检查各种信号、喷浆机系统是否正常，保证井下作业的正常进行。

（d）喷前必须处理松动岩块，岩层表面必须冲洗干净。

（e）喷射时，上料要做到入料连续均匀，并加金属网孔，严格筛选集料；严格控制水灰比；保证风压正常；保持管路顺直，不能有结、团；每次作业完成或中间长时间停止作业，均要用水清洗机具设备，防止凝固，减少喷射过程中的堵管现象。

（f）喷射时，喷射软胶管不得出现死弯或硬弯现象，防止堵管。在送风处理堵管时，工作风压不得超过 0.4MPa。

(g)喷射时,喷枪与岩面要垂直,距受喷面0.8～1.2m。

(h)井口混凝土搅拌料存放不得超过60min。

(i)喷射作业分段、分片、分层,由下而上的顺序进行,有较大凹洼处,先喷射填平。分层喷射时,后一层应在前一层混凝土终凝后进行,若终凝1h后再进行喷射时,应先用压风、水清理喷层表面;喷射作业应紧跟开挖工作面,混凝土终凝至下一循环放炮时间不应小于3h。开挖后及时进行初喷,锚杆、钢筋网片、格栅钢架施工完成后及时复喷。

(j)根据施工图纸的要求和监理人的指示,喷射混凝土前在指定部位布设钢筋网。钢筋网应紧贴岩面敷设,并牢靠固定,钢筋网下不得垫石块。

(k)喷射混凝土养护:喷射混凝土终凝固2h后,应喷水养护;养护时间不得少于7d;气温低于+5℃时不得洒水养护。

(l)冬季施工:喷射作业区的气温不得低于+5℃;混合料进入喷射机的温度不应低于+5℃;喷射混凝土抗压强度达到10MPa前不得受冻。

②锚杆施工。

a. 施工方法。

出渣完成,并整平虚渣初喷后,按设计在井壁相应位置布眼孔,采用YT-28风钻钻孔,钻孔孔径为42mm,锚杆采用全长黏结式砂浆锚杆,按先灌浆后安装锚杆的施工方法进行施工。

锚杆安装施工工艺流程:造孔清孔→注入水泥浆液→插入锚杆→待砂浆终凝后,安装孔口垫板。

如有地下水出露,在初期支护背后埋设排水管,将水引至井底。

锚杆施工工艺流程见图5-5。

图5-5 竖井锚杆施工工艺流程

b. 锚杆施工技术措施。

a)开挖初喷后尽快施作锚杆、挂网,然后复喷。

b)锚杆原材料规格、长度、直径符合设计要求。锚杆孔位、孔深及布置形式符合设计要求,锚杆用的水泥砂浆符合设计要求。

c)钻锚杆孔、排水孔。

(a)按设计要求定出位置,其孔距偏差应不大于150mm。

(b)锚杆孔的孔轴方向满足施工图纸的要求,系统锚杆的孔轴方向垂直于井壁;局部加固锚杆的孔轴方向与可能滑动面的倾向相反,其与滑动面的交角应大于45°。

(c)锚杆的钻孔直径要大于锚杆直径,钻孔直径大于锚杆直径15mm以上。

③格栅钢架、钢筋网片施工。

a. 施工方法。

竖井设计中采用格栅钢架作为钢支撑,竖井井身覆盖层段每榀格栅之间距离为0.5m,灰岩段格栅每榀钢架间距为0.75m。格栅主筋采用HRB400级,直径为22mm钢筋;桁架筋直径为14mm,箍筋和U形筋采用HPB300钢筋,箍筋直径为10mm,U形筋直径为16mm;锁脚锚杆长度为3m,锚杆直径为22mm。格栅之间设连接筋,连接筋长度为1m,直径为22mm。钢架竖向托梁环向4个,托梁主筋采用HRB400钢筋,直径为22mm,箍筋采用HPB300钢筋,直径为10mm。

格栅钢架的加工在洞外加工场地进行,采用钢板加工格栅钢架模具,由测量组放出格栅钢架的准确形状、尺寸,沿画出的尺寸位置焊接ϕ25mm短钢筋,形成固定模具。格栅钢架使用的钢筋在钢筋加工台上事先弯曲成形。

钢架的运输采用汽车式起重机分节悬吊入井,人工安设。钢架安装前,用全站仪、水平仪准确测量定出拱架安装的中心线、高程及拱脚设计位置。安装由人工借助机具进行架立就位,钢架加工在井上分节加工试拼装,安装在开挖初喷后进行,钢架架设在托梁上。

钢筋网设计为ϕ8mm,网格间距为15cm×15cm,钢筋网片井上加工,井下人工铺设,搭接1~2个网格,将钢筋网片沿开挖轮廓线进行焊接,使钢筋网与开挖岩面形状基本一致,并与锚杆、格栅钢架连接牢固,形成整体。

b. 施工技术措施。

(a)在开挖及初喷混凝土后及时安装。

(b)钢架与围岩之间的间隙用混凝土喷射密实,禁止用石块、木楔等填塞。

(c)两排钢架间用托梁纵向连接牢固。

(d)钢筋网的网格尺寸,使用的钢筋规格、钢材质量,应满足施工图纸要求,其保护层厚度不应小于50mm。

(e)钢筋网应沿开挖面铺设,钢筋网与壁面距离3~5cm。

(4)井身衬砌

井口段衬砌采用组合钢模板做内模,搅拌机拌混凝土,并将搅拌机设于井口,衬砌时,混凝土经过井口漏斗、套管、输料管、缓冲器、活节溜混凝土筒输送至模内,人工振捣棒捣固密实。

施工工艺流程:岩壁打设辅助架立钢筋→绑扎纵向筋→环向主筋→箍筋→立模板→加固模板→浇筑混凝土→等强→拆模→进入下一循环。

衬砌采用钢筋混凝土衬砌,在施工中采用0.3m×1.5m的组合钢模板,采用对称加固模板方式加固模板,插入式振捣密实。

混凝土施工前进行混凝土配合比的委托,得出混凝土初凝时间、终凝时间、试件强度及不同条件下混凝土的特性;施工中,拆模时间控制在12h,冬季施工时视温度给予延长。

7)竖井进正洞施工

竖井进正洞施工时为确保马头门处施工安全,在施工中采用加强支护结构,并采取小导管注浆超前预加固,采用微台阶施工,开口施工化大为小,环行开挖快速封闭的措施来确保安全进正洞。

竖井施工到隧道马头门部位时,根据测量放线定位,确定施工隧道格栅位置,在竖井开挖支护到马头门顶时,沿环拱上设 $\phi42mm$ 超前小导管注浆预加固,小导管长 $L=3m$,环向间距 3 根/m。施工中加强量测及反馈,以指导施工,必要时修正支护参数。

马头门第一榀钢拱架与竖井格栅焊接连接,正洞开口处采取三榀并列进行加强。

竖井进正洞施工步骤见表 5-3。

竖井进正洞马头门施工步骤 表 5-3

序号	施工步骤及技术措施	图 示
1	(1)竖井开挖支护至正洞上台阶时,停止竖井开挖,进行正洞支护加固处理; (2)测量放出正洞上台阶开挖轮廓线; (3)在正洞拱顶处进行 $\phi42mm$ 注浆小导管施工; (4)开挖上台阶,连立三榀钢拱架并喷射混凝土,且端头与井壁格栅钢架焊接成整体	
2	(1)一台阶继续开挖,竖井开挖至二台阶高度,按台阶法施作边墙钢拱架,前三榀并排连在一起,且端头与井壁格栅焊接牢固。边墙打设 $\phi25mm$ 砂浆锚杆; (2)继续进行正洞上台阶开挖支护留核心土,超前小导管预加固,环形开挖,挂网,钢拱架架立,连接筋施工;喷射混凝土	

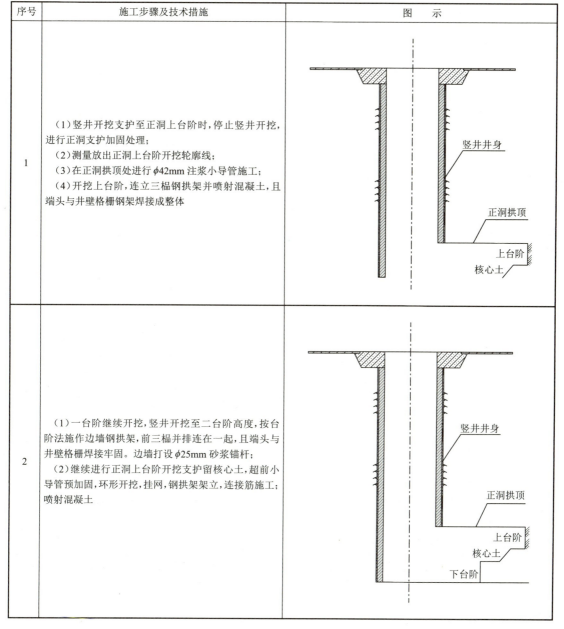

续上表

序号	施工步骤及技术措施	图示
3	(1)按台阶法施工正洞开挖支护； (2)竖井进行集渣坑及封底施工	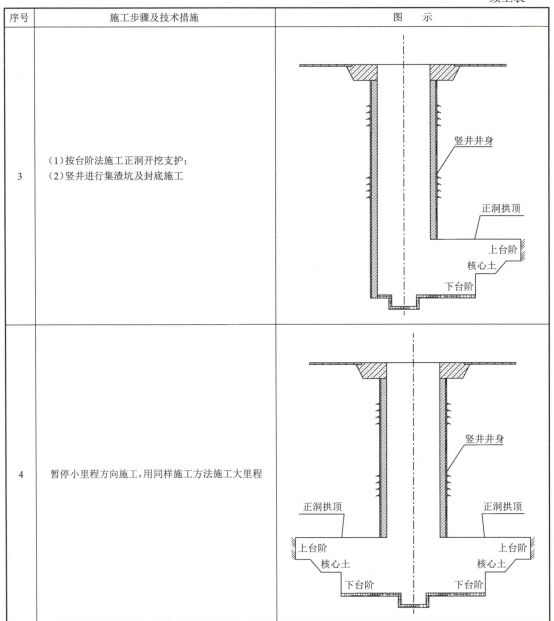
4	暂停小里程方向施工,用同样施工方法施工大里程	

（1）小导管施工

小导管设计采用 ϕ42mm 钢管,环向 3 根/m,每 2 榀格栅打一环,外插角为 10°～15°,搭接长度 1.5m。

小导管钢管材质经试验合格后进行加工。严格按设计孔径、孔间距、布置形式和位置进行加工。钻孔采用 YT-28 气腿式风钻沿格栅钢架中间穿过,钻孔直径比钢管直径大 5mm,打入长度不小于杆长的 90%,所有小导管打入完成后,采用喷混凝土封闭作业面,然后进行注浆。

通过快速注浆接头将注浆小导管尾端注浆泵相连,启动灰浆搅拌机,人力将水泥和其他外加剂材料按配合比配制好,输入到搅拌机中加水进行搅拌。搅拌均匀后,输入压浆泵,压浆时要保持压浆高压管顺直。压浆量根据压浆泵压力的大小或根据灰浆搅拌机的消耗速度确定。注浆采用分级升压法,注浆过程中,将压力分为 2～3 个阶段,分级升压注浆。注浆结束标准为:注浆控制以注浆压力控制为主,注浆压力达到设计压力后,即可停止注浆。停止时先停泵再关闭球阀,最后清洗管路。

注浆参数:无水地段小导管注浆采用水泥单浆液,有水地段采用水泥水玻璃双浆液,双浆液水泥浆与水玻璃的体积比为 1:0.6,水泥浆水灰比(质量比)1:1,水玻璃的波美度 $e=40$,缓冲剂掺量为 2%～2.5%。注浆压力一般为 0.8MPa。

（2）锚杆喷混凝土施工方法

锚杆喷混凝土施工方法与竖井井身施工方法类似,不再赘述。

8）正洞开挖支护施工

施工工艺流程:测量放线→上、下台阶开挖→出渣→施作上下台阶初期支护(小导管、钢架、网片、锚杆、锁脚锚杆)→喷混凝土。

正洞Ⅴ类围岩初期支护参数见表 5-4。

碱草甸子沟正洞施工参数表　　　　表 5-4

位置	初期支护参数							二次衬砌钢筋混凝土(cm)
	C20 喷混凝土	锚杆(小导管)			钢筋网		钢拱架(m)	
	厚度(cm)	规格型号	下插角	长度(m)	间距(m)	直径(mm)	间距(cm)		
正洞	30	φ22	10°～15°	3	1.0×1.0	8	15×15	0.5(I20a)	25

（1）开挖

正洞Ⅴ类围岩采用台阶法开挖,台阶高度以依据拱架单元划分,边开挖边支护,每循环进尺控制在 1m 以内。

（2）出渣

出渣采用 PC60 挖机配合农用车运至竖井井底,10t 抓斗门式起重机出渣。

（3）钢筋网

采用 φ8mm 钢筋网(网格 15cm×15cm),网片洞外制作,洞内人工铺挂,与锚杆焊接牢固,钢筋网片搭接长度不小于 1 个网格。

（4）锚杆

采用风钻钻孔,锚固剂锚杆,锚杆尾部与钢拱焊接,用高压风冲洗、清扫锚杆孔,确保孔内不留石粉,不得用水冲洗钻孔。

（5）钢架

型钢加工时,精确放料下料,先加工一榀完整的钢架,运至现场拼装,并检查尺寸、焊接等,符合要求后再批量加工。螺纹孔用钻床定位加工,螺栓采用 M24 高强螺栓,焊接时焊缝要饱满。加工成形后对加工好的拱架加工尺寸进行拼装检验,检验合格的钢架进行详细标识,分类堆放,做好防锈蚀工作后待用。钢架在运送过程中,为使其不变形,应轻搬轻放。相邻钢架之间焊接要牢固。

（6）喷混凝土

采用湿喷机喷射混凝土，混凝土由罐车将混凝土从井底运至掌子面。喷射混凝土分片依次进行，喷射顺序由下而上。喷射作业紧跟开挖工作面。

9）正洞底板施工

（1）正洞底板施工工艺流程

施工工艺流程：施工测量放线→基面处理→立设模板→底板混凝土浇筑（采用C25混凝土，隧洞中心预留导向槽）→混凝土拆模及养护。

（2）施工要点

①测量放样准确。

②做好底板基面处理。

③隧洞中心线处导向槽位置及尺寸预留准确。

④模板严格按测量交底控制标高及支距。

⑤混凝土顶面平整度控制。

（3）施工方法

①测量放样。

测量组按照施工技术交底进行放样，需在隧洞两侧边墙上测设出标高及支距点。同时做好书面交底，各方签字后由测量组留底，以便追溯。施工时严格按测量点确定中心导向槽支距及混凝土表面高程。

②基面处理。

现有底板底部泥浆、杂物较多，需清理干净且对前方积水进行拦、截、抽、排，杜绝积水冲刷底板新浇筑的混凝土。

③模板安装。

模板共分为中心导向槽模板、底板端头模板，基面处理合格后进行安装，中心导向槽模板安装时必须严格按照测量放样点确定其支距及高程，模板顶面高程及支距偏差不得大于5mm；相邻两块模板拼接处应平齐，不得有错台和弯折现象，模板产生变形不能满足精度要求时必须更换或校正。

所有模板须加固牢靠，不得出现在施工过程中跑模的现象，中心导向槽模板必须加三角支撑，支撑纵向间距不得大于单块模板长度的1/2，在模板连接部位应加密支撑，避免因该部位模板刚度不足造成变形。

④底板混凝土浇筑。

底板混凝土设计为C25混凝土，由拌和站统一拌制，农用车由竖井中心运至正洞浇筑地点。混凝土浇筑时，采用插入式振捣棒振捣密实，振捣时将振捣棒快速伸入混凝土中，且进入混凝土深度不小于10cm，慢速提升，振捣点间距以不大于30cm为宜，振捣时不得碰撞模板及预埋件，当混凝土表面出现一层水泥浆液且不再有气泡冒出时可认为振捣密实。

浇筑过程中试验室严格控制坍落度,坍落度在允许的范围内取较小值,并根据现场实际情况进行调整。

混凝土施工过程中一次施工长度较长时应从一端开始浇筑并振捣整平,整平阶段若发现混凝土较多时可将其推往下一段落,若出现凹坑、混凝土不足时可及时进行补充,严禁对整个段落全部浇筑完毕后再进行整平、抹面。

⑤混凝土养护。

混凝土浇筑完毕后12h内对混凝土进行保湿养护,养护水温与混凝土表面温度之差不得大于5℃,当环境温度低于5℃时禁止洒水。养护洒水频率以保持混凝土表面湿润为宜,养护时长不得小于7d。

10)竖井通风、信号、管线布置

选择1台功率55×2kW轴流式通风机,ϕ800mm软风管压入式通风。通风机安设于工作平台上,在井口处安设专门加工的弯头,以减小风耗;通风管利用风管卡固定,每6m设置一个风管卡并固定在井壁上。在竖井开挖至15m深时,通风系统投入使用。冬季施工时,在通风机入口处布置两台暖风机,通过暖风机提供暖风来保证冬季井下的正常通风。

高压风采用洞外电动空压机组成的供风站集中供风方式,高压风管采用ϕ150mm焊接钢管,进入水平洞、主洞后采用托架法安装在边墙上,随隧道开挖逐步延伸。

施工用水采用钻井取水,竖井井口设置蓄水池。作为洞内高压水的来源。

施工用电接入工地附近高压电,经变压器后进入洞内使用。洞内在工作地段采用36V低压电照明,根据需要布设照明点;成洞和不作业地段采用380V高压钠灯照明,灯间距为50m,洞内电力来源于洞外高压电力线。

竖井井内布置通风管、高压水管、排水管、动力电线及照明线路。

洞内各种管线路布置见图5-6。

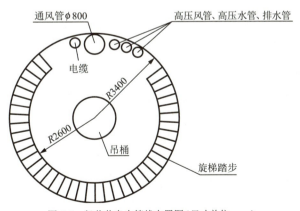

图5-6　竖井井身内管线布置图(尺寸单位:mm)

11)排水

(1)井口排水

锁口圈整体高于原地表,施工平台施工向外侧微小的坡度(1%),二者结合组成排水体系。

（2）竖井内排水

竖井井身水量较大，在竖井井身开挖过程中排水时，采用潜水泵将水抽至地面排水沟中排出。竖井井身施工完成后，按设计要求在竖井底部设置集水井集渣坑，深度为1.5m，直径为3.2m，用于竖井及正洞排水。

12）施工测量、量测

（1）竖井施工控制测量

①竖井定位。利用竖井周围的平面控制点和高程控制点，精确定位出竖井中心的三维坐标。

②竖井断面控制。竖井开挖施工中，控制测量采用全站仪放线定位，测设出井口位置后，采用细钢丝悬挂重垂球投影井口中心位置的方法进行施工控制，并定期对所测设的井口投点进行检查，以确保竖井施工准确、无误。

③竖井开挖测量检测。为保证竖井施工准确无误，周期性采用徕卡天顶天底仪对井口投点进行检查。并定期采用断面仪检查，确保净空尺寸，控制超欠挖。

④在施工中如因水文气候环境等因素造成施测方法不符时可在考虑安全的前提下将施测布局略加调整，以使其在不影响工期的前提下保证竖井施工的良好运行。

⑤竖井贯通后，及时调整贯通误差，利用竖井投递进来的点位进行改正，确定竖井—进口段的洞内掘进方向，防止方向传递误差积累并保证竖井到进口段TBM掘进段的贯通精度。

⑥由洞外控制点向洞内的引测工作，在阴天或夜晚进行，并要求进行不少于三次的重复测量，当较差在误差允许范围内时取各次测量结果的平均值。

⑦导线点间视线距离隧洞内建筑物以及各种施工机械最短距离不小于0.3m，以减小旁折光的影响。

⑧测量时，现场应保证足够的通风和照明条件。竖井测量在保证洞内清晰度的前提下，停风后进行测量。

（2）竖井监控量测

根据围岩条件、支护类型和参数、施工方法及量测目的编制量测计划，由量测小组实施量测计划，及时反馈信息，指导施工。

监控量测测项目有：地表、井口下沉位移、净空收敛监测。

地表、井口下沉位移监测：监测仪器采用精密水准仪配合钢尺。量测桩点安装在竖井井口附近对称的4个点位，用砂浆埋设量测桩点，待砂浆凝固后立即进行量测。

净空收敛监测：监测仪器采用GN-SL（A）型收敛计。收敛预埋件直接安装在竖井井壁上，尽量使两预埋件轴线在基线方向上，使销孔轴线处于垂直位置，上好保护帽，待砂浆凝固后立即进行量测。

频率：初期（1～15d），1次/d；待相对稳定后，变为1次/2d；超过1月后，1次/周，视围岩变化情况增减频率。

（3）资料的整理和反馈

依据每天的量测数据，整理成表格或者以曲线形式（线性回归分析法）直观显示，并按照公司技术管理办法上报测量、量测资料至监测管理平台。

施测过程中,将每日/每周的数据结果与报警值做对比,达到限值时,及时通知工程技术部门,并反馈至现场施工负责人暂时停止施工,采取稳妥对策后方可继续施工。

（4）测量精度控制措施

①严格执行公司内部三级测量复核制度。即工区测量组、项目部测量组、中铁隧道股份有限公司精测队三级复核。

②项目部测量组由经验丰富、有合格资格证书的技术人员组成,并配备足够数量、符合精度要求的测量仪器设备。

③所使用的测量仪器要定期到国家计量局授权的测量仪器鉴定单位检定。在仪器使用前项目部测量组将有关资料和检定报告报监理工程师,监理工程师确认后方可投入使用。

④测量有关数据及成果要有专人保管,并要记录完整、清晰,及时上报监理工程师核对。

13）竖井封堵

竖井封堵在TBM掘进之后,由洞底向洞口依次分段回填。竖直段地面2m以下采用主洞开挖料回填,并压密实。其余到地面竖直段与施工场区一同回填腐殖土,进行复垦。

5.1.2　小河沿沟人工钻爆法预处理施工技术

1）地质概况

小河沿竖井为施工竖井,与主洞相交桩号K66+406,总长46.01m,其中上部全风化段13.8m,其中0~5.5m为壤土,黑褐~黄褐色,湿,中密可塑,以黏粒为主,其中:3.70~5.0m为黄褐色,黏粒含量较高,5.5~13.8m段砂砾碎石含黏性土,黄褐色,湿。上部5.0~6.5m黏性含量较高,下部块石含量较多,约占60%~70%;下部32.21m为灰岩段,灰岩,灰色,碎屑结构,层状结构。

2）施工方案

（1）总体施工工艺流程

施工工艺流程:施工准备（井架基础、稳车、绞车基础）→锁口圈施工→井口段（0~3m）开挖、支护、衬砌施工→井架、绞车、稳车安装调试→井身段开挖、出渣、支护、衬砌施工。

（2）施工准备阶段

首先按照设计图纸,施工井架、稳车、绞车基础,与锁口圈施工同步进行。

（3）竖井井口段施工

竖井井口段施工工艺流程:井口平台、锁口圈施工→井口段开挖→井口段支护→井口段衬砌。

①井口平台、锁口圈施工。

明挖部位为锁口圈部分,主要为表层土,开挖顺序为从上到下,直接采用1.0m³挖掘机挖装,人工辅助,农用车运至渣场。

基础挖出后绑扎钢筋（预留接茬钢筋）、立模板,浇筑锁口圈混凝土;夯实平台部分土质,预留接茬钢筋基础上绑扎平台钢筋,浇筑混凝土。

施工工艺流程:开挖锁口圈基础→夯实地基→绑扎钢筋(预留平台接茬筋)→立内模→浇筑混凝土→夯实平台土层→绑扎平台钢筋→浇筑平台混凝土。

②井口段开挖。

井口开挖前,对危险部位进行处理和支护,施工工艺流程见图 5-7。井口削坡开挖自上而下进行,严禁上下垂直作业。做好危石清理、坡面加固等工作。

采用 1.0m³ 挖掘机挖装,人工修整开挖轮廓线,开挖段高控制在 1m 左右。

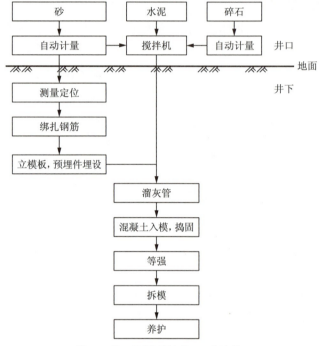

图 5-7 井口钢筋混凝土施工工艺流程

③出渣及运输。

出渣采用山猫挖掘机开挖,用 5m³ 的农用车将其运至弃渣场。

竖井人员、小型机具上下及材料(钢架、网片)的运输通过临时墙梯,方便施工人员的上下,保证安全。

④初期支护。

初期支护采用锚喷支护,喷射混凝土为 C20 混凝土,厚度 20cm。初期支护在井口开挖完成后依次进行。施工严格按"一掘一护"的施工方案进行,做到支护紧跟开挖,确保施工安全。

a. 喷射混凝土。

施工时,喷射机安设于井外的搅拌站处,喷浆时采用接长喷浆管的方法完成洞口覆盖层段的喷混凝土作业。喷浆完成后,把所有的喷浆管路提出井外。

b. 钢架、钢筋网片的施工。

(a)施工方法。

竖井井口覆盖层初期支护为有φ22mm格栅钢筋支撑,格栅加工在井上分节加工试拼装,安装在井下开挖初喷后人工安设,采用起重机钢丝绳分节悬吊入井。

钢筋网井上加工,井下人工挂设,将钢筋沿开挖轮廓线进行绑扎或焊接,使钢筋网与开挖岩面形状基本一致,并与钢架连接牢固,形成整体。

(b)施工技术措施。

在开挖及初喷混凝土后及时安装。

钢架与围岩之间的间隙用喷混凝土喷密实,禁止用石块、木楔等填塞。

两排钢架间用托梁纵向连接牢固,环向间距为6.7m,共3组。

钢筋网的网格尺寸,钢筋规格、钢材质量,应满足施工图纸要求,其保护层厚度不应小于20mm。钢筋网随岩面起伏铺设,宜在岩面喷射一层混凝土后铺设。

⑤井口段衬砌。

a. 施工方法。

竖井井口段设计采用厚70cm的C25钢筋混凝土衬砌结构。施工时,衬砌采用短段掘砌方式,做到衬砌紧跟支护,段高按1.5m考虑,采用0.3m×1.5m的组合钢模板,插入式振捣器人工捣固。

竖井每循环衬砌混凝土方量不大(12.5m³/m),边开挖边支护边衬砌,施工时组合钢模板做内模,JS750型搅拌机拌和混凝土,搅拌机设于井口,人工捣固棒捣固密实。在衬砌施工中,为防止混凝土产生离析现象,在搅拌混凝土时,混凝土的水灰比不大于0.45,坍落度控制在8~12cm。

b. 施工技术措施。

严格控制原材料的质量,不合格的材料坚决不能使用。

严格计量系统控制,绝对保证混凝土的生产质量符合设计要求,保证混凝土的稳定性及混凝土配合比达到要求,对施工中各主要环节进行严格控制和检查,保证混凝土施工质量达到相关规范规定,符合设计要求。

钢筋的加工、运送、安装必须严格按规定要求进行,钢筋骨架固定牢固,并确保钢筋安装位置正确,保证钢筋混凝土的质量。

模板就位准确,锁定牢固,接头密贴上一循环,在模板上设置楔形凹槽,保证混凝土的正常灌注和混凝土接缝的密贴。

混凝土浇筑工作应连续进行对称灌注,间隙时间不得超过混凝土初凝时间。混凝土的水灰比和坍落度应按设计要求,人工振捣器振捣时,坍落度应控制为8~10cm。混凝土要分层灌注,分层捣固,捣固时要掌握好时间,表面无气泡冒出时,表明气体已完全排出。振捣时,振捣棒要快插慢拔,保证混凝土无麻面。

每循环脱模后,清刷模板,涂脱模剂,不得用废机油代替脱模剂。

(4)爆破设计

循环进尺控制在1m,采用直眼掏槽、掏槽眼进尺适当加深、周边眼间隔装药、光面爆破方式,起爆网路采用隧道内常用爆破复式连接法,如图5-8所示。

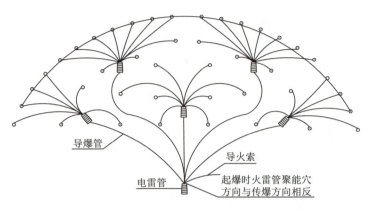

图 5-8　隧道爆破复式连接示意图

（5）竖井井身段施工

竖井井身段施工工序：钻眼爆破→吊桶出渣→喷锚支护→清底→衬砌施工。施工方法及施工工艺流程见图 5-9。

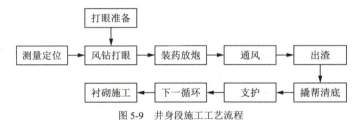

图 5-9　井身段施工工艺流程

①开挖、支护。

井身段全风化段采用挖掘机直接开挖，灰岩段采用钻爆开挖，挖掘机出渣，人工辅助。初期支护采用锚喷挂网和格栅钢架相结合的形式。

②出渣、清底及运输。

a. 出渣方式。

在Ⅰ型井架及绞车、稳车系统安装调试完成后，出渣采用小型挖掘机装渣，人工配合清底渣，JK-2.0/30 型绞车提升 1.5m³ 挂钩式吊桶出渣，井架二层平台卸渣台卸渣，采用 5m³ 农用车将渣土运至弃渣场。

b. 人员、机具、材料的下放。

人员、小型机具的上下均通过绞车提升吊桶进行，材料（锚杆、网片、钢架等）的下放可通过吊桶或其他方式下放。

③初期支护。

根据施工图纸做好初期支护，初期地支护均在出渣完成后依次施作。施工严格按照"一掘一护"的施工方案进行，做到支护紧跟开挖，确保施工安全。

a. 喷射混凝土。

a）施工方法。

竖井喷混凝土施工工艺流程见图 5-10。

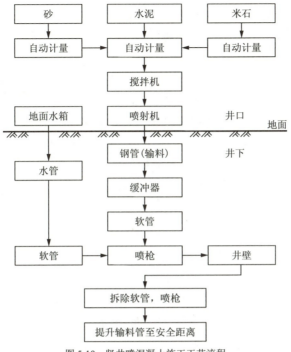

图 5-10　竖井喷混凝土施工工艺流程

施工时,采用自动计量,JS750 型搅拌机拌料,井口设置储料仓,喷射机安设于井外,人工上料,喷浆时通过喷射混凝土溜灰管、缓冲器、软胶管的方式进行喷混凝土作业。喷射混凝土施工工艺及施工方法见图 5-11。

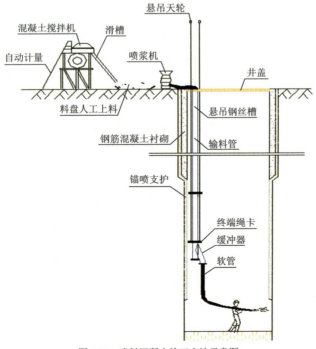

图 5-11　喷射混凝土施工方法示意图

b）喷射混凝土施工技术措施及注意事项。

（a）喷射前检查风水管路，有无漏风、跑水现象，如发现及时更换。

（b）检查输料管有无磨损、漏风、跑料的现象，如发现及时修理或更换。

（c）喷前先检查各种信号、喷浆机系统是否正常，保证井下作业的正常进行。

（d）喷前必须处理松动岩块，岩层表面必须冲洗干净。

（e）喷射时，上料要做到入料要连续均匀，并加金属网孔，严格筛选集料；严格控制水灰比；保证风压正常；保持管路顺直，不能有结、有团；每次作业完成或中间长时间停止作业，均要用水清洗机具设备，防止凝固，减少喷射过程中的堵管现象。

（f）喷射时，喷射软胶管不得出现死弯或硬弯现象，防止堵管。在送风处理堵管时，工作风压不得超过 0.4MPa。

（g）喷射时，喷枪与岩面垂直，距受喷面 0.8～1.2m。

（h）井口混凝土搅拌料存放不得超过 60min。

（i）喷射作业分段、分片、分层，按由下而上的顺序进行，有较大凹洼处，要事先喷射填平。分层喷射时，后一层应在前一层混凝土终凝后进行，若终凝 1h 后再进行喷射时，应先用风水清洗喷层表面；喷射作业应紧跟开挖工作面，混凝土终凝至下一循环放炮时间不应小于 3h。开挖后及时初喷，出渣后及时复喷。

（j）根据施工图纸的要求和监理人的指示，喷射混凝土前在指定部位布设钢筋网。钢筋网应紧贴岩面敷设，并牢靠固定，钢筋网下不得垫石块。

（k）喷射混凝土养护：喷射混凝土终凝固 2h 后，应喷水养护；养护时间不得少于 7d，气温低于 +5℃不得洒水养护。

（l）冬季施工：喷射作业区的气温不得低于 +5℃；混合料进入喷射机的温度不应低于 +5℃；喷射混凝土抗压强度达到 10MPa 前不得受冻。

b. 锚杆施工。

a）施工方法。

出渣完成并整平虚渣初喷后，按设计在井壁相应位置布眼孔，采用 YT-28 风钻钻孔，钻孔孔径为 42mm，锚杆采用全长黏结式砂浆锚杆或全长粘贴式泥基药卷锚杆，按先灌浆后安装锚杆的施工方法进行施工。施工顺序为：造孔清孔→注入水泥浆液→插入锚杆→待砂浆终凝后，安装孔口垫板。

如有地下水出露，在初期支护背后埋设排水管，将水引至井底。

竖井锚杆施工工艺流程见图 5-12。

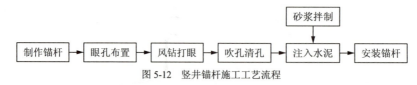

图 5-12　竖井锚杆施工工艺流程

b）锚杆施工技术措施。

（a）开挖初喷后尽快施作锚杆、挂网，然后复喷。

(b)锚杆原材料规格、长度、直径符合设计要求。锚杆孔位、孔深及布置形式符合设计要求,锚杆用的水泥砂浆或药卷符合设计要求。

(c)钻锚杆孔、排水孔。

按设计要求定出位置,其孔距偏差应不大于150mm。锚杆孔的孔轴方向满足施工图纸的要求,系统锚杆的孔轴方向垂直于井壁;局部加固锚杆的孔轴方向与可能滑动面的倾向相反,其与滑动面的交角应大于45°。锚杆的钻孔孔径要大于锚杆直径,钻头直径大于锚杆直径15mm以上。

c.格栅钢架、钢筋网片施工。

a)施工方法。

竖井设计中采用 $\phi22mm$ 格栅钢筋作为钢架支撑,钢架加工在井上分节加工试拼装,安装在开挖初喷后进行,钢架的运输采用钢丝绳分节悬吊入井,人工安设。

钢筋网井上加工,井下人工铺设,将钢筋沿开挖轮廓线进行绑扎或焊接,使钢筋网与开挖岩面形状基本一致,并与锚杆或钢架连接牢固,形成整体。

b)施工技术措施。

(a)在开挖及初喷混凝土后及时安装。

(b)钢架与围岩之间的间隙用喷混凝土喷密实,禁止用石块、木楔等填塞。

(c)两排钢架间用托梁纵向连接牢固,环向间距为6.3m,共设3组。

(d)钢筋网的网格尺寸,使用的钢筋规格、钢材质量,应满足施工图纸要求,其保护层厚度不应小于50mm。

(e)钢筋网应沿开挖面铺设。钢筋网与壁面距离为3~5cm。

④井身衬砌。

井口段衬砌采用组合钢模板做内模,用JZ350型搅拌机搅拌混凝土,并将搅拌机设于井口,衬砌时,混凝土经过井口漏斗、套管、输料管、缓冲器、活节溜混凝土筒输送至模内,人工振捣棒捣固密实,见图5-13。在衬砌施工中,为防止混凝土产生离析和堵管现象,混凝土的水灰比不大于0.65,坍落度控制在8~12cm。

施工工艺流程:岩壁打设辅助架立钢筋→绑扎纵向筋→环向主筋→箍筋→立模板→加固模板→浇筑混凝土→等强→拆模→下一循环。

加工2榀(8节)直径为4.9m的I16工字钢模板加固用钢架,衬砌采用钢筋混凝土衬砌,在施工中采用0.3m×1.5m的组合钢模板,混凝土人工振捣密实。

采用对称加固模板方式加固模板后浇筑混凝土。

混凝土施工前进行混凝土配合比的委托,得出混凝土初凝时间、终凝时间、试件强度及不同条件下混凝土的特性;施工中,模筑混凝土等强时间不得低于2~3d,拆模时间控制在12h,且达到混凝土设计强度75%后方可脱模,冬季施工时视温度给予延长。

井身段钢筋混凝土施工工艺及施工方法与竖井井身段施工相同(图5-13)。

(6)竖井提升系统

根据竖井井筒净直径和深度选用煤炭Ⅰ型钢结构金属井架配JK-2.0/30型提升机的单

钩单绳提绞系统，井筒各施工管、线路均采用凿井绞车（稳车）悬吊，同时井筒设置信号系统，井口设置井盖。

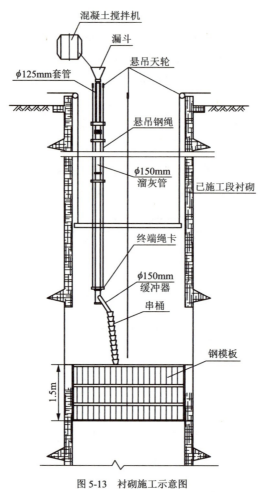

图 5-13 衬砌施工示意图

I 型井架一座（包括卸渣台），1 台 JK-2.0/30 型绞车，单钩提升 1.5m³ 吊桶，潜水泵排水，ϕ100mm 排水管路，ϕ100mm 喷射混凝土输料管，ϕ600mm 软式风管压入式通风，ϕ150mm 高压风管，ϕ42mm 供水管路，照明、通信、信号、爆破、动力电缆各一路，稳车 1 台。

提升悬吊系统布置见图 5-14。

（7）竖井通风、信号、管线布置

根据在乌鞘岭隧道大台竖井 516m 的施工经验，选择一台 SDFB-NO.10（功率 37×2kW）轴流式通风机，采用 ϕ600mm 软式风管压入式通风。通风机安设于井架外 5m 处，在井口处安设专门加工的弯头，以减小风耗；通风管利用风管卡固定，每 6m 设置一个风管卡并固定在井壁上。在竖井开挖至 20m 深时，通风系统投入使用。冬季施工时，在通风机入口处布置两台暖风机，通过暖风机提供暖风，保证冬季井下的正常通风。

竖井在井口设置信号房，保持井上井下的联系。

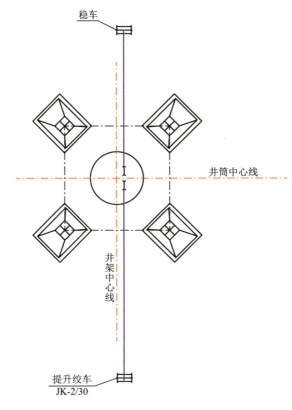

图 5-14　提升悬吊系统布置

竖井井内布置通风管、高压水管、排水管、动力电线及照明线路。洞内各种管线路布置见图 5-15。

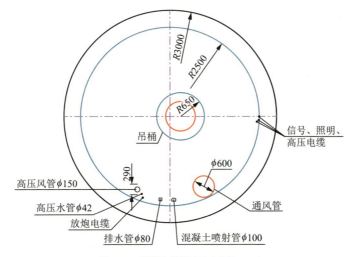

图 5-15　管线布置图（尺寸单位：mm）

（8）排水

①井口排水。

锁口圈整体高于原地表面20cm，施工平台施工向外侧设微小的坡度，二者结合组成排水体系。

②竖井井筒排水。

竖井井身水量一般，排水时，采用潜水泵将水抽至地面排水沟中排出。

（9）施工测量、量测

①施工平面控制点、高程控制点测量。

通过竖井周围的6个平面控制点Z36、Z37、Z38、SZ5、Z36水、Z38水，用Leica TS02全站仪、天宝DINI03水准仪、配套因瓦尺向井口附近加密2个控制点，将平面坐标和高程附在该加密控制点上，再置镜于其中一个加密点后视另一加密点，放样出竖井中心线，同时测出4个距井口边线2m的相互对称点。

操作过程中平面控制点按三等导线要求、高程按照二等水准要求施测。

②竖井施工控制测量。

a. 竖井定位。

利用竖井周围的平面控制点和高程控制点，精确定位出竖井中心的三维坐标。

b. 竖井断面控制。

竖井开挖施工中，控制测量采用全站仪放线定位，测设出井口位置后，采用细钢丝悬挂重垂球投影井口中心位置的方法进行施工控制，并定期对所测设的井口投点进行检查，以确保竖井施工准确、无误。

c. 竖井开挖测量检测。

为保证竖井施工准确无误，周期性采用徕卡天顶天底仪对井口投点进行检查。并定期采用断面仪检查，确保净空尺寸，控制超欠挖。

d. 在施工中如因水文气候环境等因素造成施测方法不符时可在考虑安全的前提下将施测布局略加调整，以使其在不影响工期的前提下保证竖井施工的良好运行。

③竖井监控量测。

根据围岩条件、支护类型和参数、施工方法及量测目的编制量测计划，由量测小组实施量测计划，及时反馈信息，指导施工。

监控量测测项目有：地表、井口下沉位移、净空收敛监测。

地表、井口下沉位移监测：监测仪器采用精密水准仪配合因瓦尺。量测桩点安装在竖井井口附近对称的4个点位，用砂浆埋设量测桩点，待砂浆凝固后立即进行量测。

净空收敛监测：监测仪器采用GN-SL（A）型收敛计。收敛预埋件直接安装在竖井井壁上，尽量使两预埋件轴线在基线方向上，使销孔轴线处于垂直位置，上好保护帽，待砂浆凝固后立即进行量测。

频率：初期（1～15d），1次/d；待相对稳定后，变为1次/2d；超过1月后，1次/周，视围岩变化情况增减频率。

④资料的整理和反馈。

依据每天的量测数据，整理成表格或者以曲线形式（线性回归分析法）直观显示，并按照公司技术管理办法上报测量、量测资料。

施测过程中,将每日/每周的数据结果与报警值做对比,达到限值时,及时通知工程技术部门,并反馈至现场施工负责人暂时停止施工,采取稳妥对策后方可继续施工。

⑤测量精度控制措施。

a.严格执行我公司内部三级测量复核制度。即工区测量组、项目部测量组、中铁隧道股份有限公司精测队三级复核。

b.项目部测量组由经验丰富、有合格资格的技术人员担任,并配备足够数量、符合精度要求的测量仪器设备。

c.所使用的测量仪器要定期到国家计量局授权的测量仪器检定机构检定。在仪器使用前项目部测量组将有关资料和检定报告上报监理工程师,监理工程师确认后方可投入使用。

d.测量有关数据及成果要有专人保管,并要记录完整、清晰,并及时上报监理工程师核对。

3)正洞开挖施工

小河沿段正洞开挖支护及底板施工与碱草甸子段相同,详见5.1.1节。

5.2 全圆针梁式台车二次衬砌施工技术

引松供水四标段隧洞衬砌设计为全圆形,采用针梁式台车进行衬砌,底部气泡无法排出,导致底部易产生蜂窝、麻面。衬砌与初期支护之间未设置防水层,在初期支护表面渗水的地方,衬砌施工完成后易产生渗水问题。在施工过程中还易产生开裂、翻砂等质量通病,为改善衬砌表观质量,科研小组进行现场跟踪研究,查找质量通病产生的原因,并采取针对性措施进行了解决。总结出一套预防措施,可为类似衬砌施工提供参考。

5.2.1 总体施工组织设计

整个隧洞衬砌分为出口任务段、八号支洞下游任务段、八号支洞上游任务段、七号支洞下游任务段、七号支洞过岔路河任务段。其中出口、八号支洞、七号支洞下游各投入两辆台车,七号支洞过岔路河段投入一辆台车。另外有断面变化地段增加渐变段台车。

(1)材料运输方式:出口及八号支洞采用有轨运输,利用原有轨线进行混凝土运输、材料运输及清渣为保证混凝土浇筑时会车要求,出口洞口段、调压井段固定道岔保留,同时另外增加碱草甸子段固定道岔,作业面处浮放道岔。七号支洞采用无轨运输,底部铺石渣垫平,钢筋绑扎分上下两部分,顶部超前。

(2)搅拌站设置:出口、八号支洞、七号支洞在原有60/90型搅拌站基础上增加120型搅拌站一座。出口搅拌站直接在轨线上设置,八号及七号支洞站在原来搅拌站预留位置上安装。同时搅拌站罐车存放区域以及投料孔处采取防寒措施,施工时以 120 搅拌站为主,60 型/90 型搅拌站作为备用。

(3)隧道内底部虚渣通过渣斗运输至洞外,再由出渣车运输至渣场。

(4)各种材料运输通过平板车进行运输,人员乘坐人车上下班。

(5)混凝土浇筑方案:混凝土浇筑采用"一跳一夹"衬砌施工顺序,如图 5-16、图 5-17 所示。

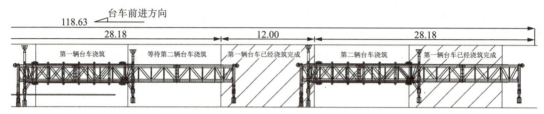

图 5-16 衬砌混凝土浇筑台车布置图(尺寸单位:m)

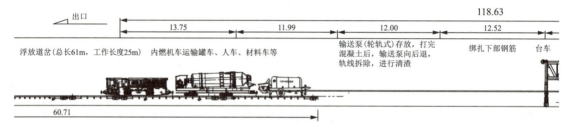

图 5-17 混凝土浇筑浮放道岔、罐车布置图(尺寸单位:m)

台车走行采用"一跳一夹"衬砌施工顺序,具体如下:

①"一跳"即第 3 段浇筑:两辆台车间隔段设为 1 段,先进行上游第 3 段浇筑。

②"一夹"形成:第 1 段紧接第 3 段"一跳"连续浇筑,形成第 2 段夹仓即"一夹"。

③"一跳"即第 5 段浇筑:上游台车第 3 段自待强后开始拆堵头、脱模行走至第 5 段,进行混凝土浇筑。

④第 2 段即"一夹"浇筑:需要等第 3 段拆堵头后完成备仓,但考虑与跳仓冲突,优先安排跳仓,夹仓紧接跳仓即第 5 段浇筑。

⑤第 7 段即"一跳"浇筑:第 5 段跳仓后浇筑第 7 段。

⑥第 4 段即"一夹"浇筑:紧接跳仓即第 7 段浇筑。

⑦第 9 段"一跳"、第 6 段"一夹"、第 11 段"一跳"、第 8 段"一夹",开始正常的"一跳一夹"循环。

施工顺序为:3→1→5→2→7→4→9,具体布置见图 5-18。

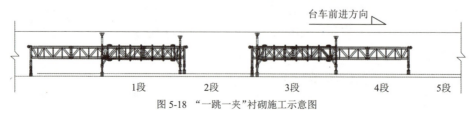

图 5-18 "一跳一夹"衬砌施工示意图

5.2.2 主要施工工艺流程

主要施工工艺流程：隧道初期支护断面净空测量、隧道股状出水及渗水处理。

（1）隧道初期支护断面净空测量

在隧道二次衬砌施工之前，先由测量组对隧道初期支护断面净空进行测量，提前对侵限部分进行处理，处理完成后进行复测，并经监理工程师检查合格后方进行清底施工。

（2）隧道股状出水及渗水处理

提前对初期支护基面涌水及渗水部位进行注浆堵水，做到无滴水、漏水、淌水、线流或泥沙流出，保证基面干燥、清洁。衬砌施工前溶洞处回填灌浆饱满密实。

5.2.3 清底和基面处理

清底采用小型挖掘机装渣，人工配合清底，清底过程中注意对隧道初期支护的保护。TBM掘进段人工采用风镐清除喷混凝土回弹料，风镐用台车自带空压机提供高压风。

基面及隧底虚渣处理干净，并经检查验收合格后，方可进行下一道工序施工。

5.2.4 钢筋施工

（1）钢筋台架

钢筋的安装采用可移动式作业台架施工。为保证衬砌施工的正常进行，有轨运输地段可移动式作业台架采用轮轨式框架结构，由机车牵引移动；无轨运输地段采用轮式框架结构，框架采用型钢制作，由挖机牵引移动。框架净空满足行车要求。钢筋绑扎台架如图5-19所示。

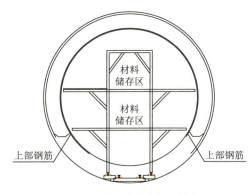

图5-19　钢筋绑扎台架示意图

（2）钢筋安装

钢筋安装前需在初期支护面上打设定位钢筋，定位钢筋采用冲击钻钻孔，单层钢筋不小于$\phi16mm$钢筋进行定位，双层钢筋定位钢筋不小于$\phi22mm$，定位筋间距为$1.8m×1.8m$。

(3)钢筋接头设置

采用搭接焊,接头位置按要求进行设置,相邻接头相互错开距离大于 35d（d 为纵向受力钢筋的较大直径）。

(4)钢筋绑扎

钢筋分层绑扎,在台架上先绑扎顶部钢筋,轨线拆除之后再绑扎下部钢筋。现场钢筋的交叉点采用绑扎,绑扎要求两端钢筋交叉点每点均扎牢。台车定位后若有钢筋保护层不足可用保护层垫块进行处理。

5.2.5 衬砌台车施工

(1)走行模板台车

脱模的工艺流程:收缩抗浮千斤顶→收缩侧向稳定丝杆→收缩右底模液压缸→收缩右边模→收缩左底模液压缸→收缩左边模→收缩顶模→移动钢模进入下一仓。

(2)清理模板及涂刷脱模剂

待模板台车走行到位后,将模板上升液压缸提升到最高位,为清理模板提供最大的空间。清理模板时,尽量使用灰刀、钢刷、角磨机、砂纸等工具清除,严禁使用钢钎、钢铲及用榔头等敲击模板面,确保模板表面不受损伤,模板清理要完全、彻底。模板清理完成后,用棕刷（排刷）涂刷脱模剂,涂刷要均匀,不得使脱模剂出现线柱状和成堆积聚现象,并不得出现遗漏现象,确保脱模剂涂刷效率和质量。

(3)模板台车定位

台车定位时根据测量组下发的技术交底,量取钢筋定位筋与台车之间的位置。定位要求该两项指标控制在 ±5mm 之内。模板台车定位在达到精度要求后需对台车钢模板进行紧固锁定,并上紧上部与下部所有抗浮动丝杆,以确保灌注混凝土时模板不发生移动。

(4)堵头安设

模板台车定位并锁定后,即进行木模堵头安装。在安装堵头板的过程把橡胶止水带、分缝泡沫板也一并安装好。橡胶止水带两侧的伸缩缝内填充聚乙烯硬质泡沫板,伸缩缝宽 20mm。橡胶止水带安装采用钢筋卡进行安装固定,止水带接头采用硫化连接。木模堵头安装好后,对其进行二次检查,有堵塞不严密的部位可塞入布条、棉纱等软性物品,以防止漏浆。

5.2.6 混凝土浇筑

混凝土浇筑工艺流程如图 5-20 所示。

(1)混凝土拌和

在配制混凝土拌合物时,水、水泥、粉煤灰、外加剂的称量准确到 ±1%,粗、细骨料的称量准确到 ±2%(均以质量计)。

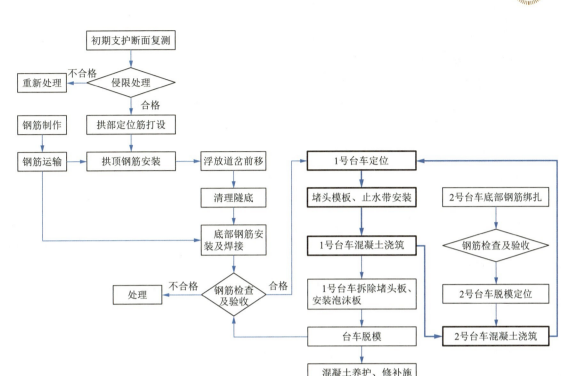

图 5-20 衬砌施工工艺流程（黑色框线标示为关键工序线路）

混凝土拌和采用强制式混凝土搅拌机,具有微机控制自动计量系统。搅拌站在正式投入生产时(开盘前),计量器具要经过具有资质的质量技术监督部门鉴定合格。

搅拌时先向搅拌机内加入细骨料、水泥、粉煤灰、水和外加剂搅拌均匀,最后加入粗骨料至搅拌充分。混凝土拌制时间综合考虑生产设备的性能,达到拌和物均匀,颜色基本一致,电流基本稳定,但第一阶段搅拌时间不小于30s,总搅拌时间控制在 2.0～3min,任何人不得随意增减搅拌时间,搅拌好的混凝土出机前,不得投入新料,混凝土出机后不得任意加水。

混凝土施工入模坍落度控制在 160±20mm,搅拌站开盘时,对混凝土前三盘测定坍落度,当坍落度不满足要求时及时调整,合格后,才能发料。

（2）混凝土运输

出机混凝土采用混凝土搅拌运输车运送到衬砌台车旁,然后采用 1 台 HBT80 混凝土输送泵进行混凝土灌注。

泵送混凝土前,先用 $3m^3$ 水泥砂浆(水灰比与混凝土配合比一致)对混凝土泵及管道进行润壁,泵出的砂浆及混凝土不得浇筑在衬砌内。

（3）混凝土浇筑

混凝土在浇筑前,台车要全部安装完毕,要将所有连接螺栓、紧固件螺栓、注浆孔预留装置等均安装完好并固定牢固;须将模板上的杂物、积水清除干净,还须将有可能漏浆的缝隙全部堵塞。在完成上述要求的情况下，才可以开始浇筑。

纵向由内向外，垂直自下而上对称水平分层浇筑；顶拱利用顶部模板4个浇筑窗依次后退浇筑，顶拱混凝土以冲天炮方式入仓。

混凝土一次浇筑厚度不得大于50cm，必须水平分层进行浇筑。混凝土浇筑过程中，不得在仓内积水，如发现混凝土和易性较差时，应加强振捣。仓内泌水要及时排除。

（4）混凝土振捣

以插入式振动为主，附着式振动为辅。台车配置2台ϕ50mm振捣棒，1台ϕ30mm手持振捣棒，同时底部配置12台平板振捣器、拱顶配置2台振捣器。振捣器分别用开关进行控制，根据浇筑的不同部位进行振捣。

在台车腹板内侧安装附着式振捣器，以辅助此处钢筋密集区的振捣，附着式振捣器在每浇筑一层后连续开启时间控制在10s以下。

钢筋密集及两侧止水带处，混凝土采用ϕ30mm手持式振捣器进行表面振捣，并着重加强钢筋密集处的混凝土振捣，保证振捣密实。

（5）混凝土养护

在拱顶混凝土强度达到5MPa后方可脱模，通常情况下，等强20h后可达到这一条件。脱模后喷水养护，养护期为28d。

5.2.7 衬砌排水

1）渗水预防

衬砌表面渗水主要集中在拱部以下，大跨部位居多，如图5-21所示。

a)

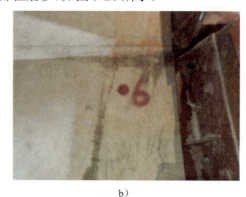
b)

图5-21 衬砌渗水照片

（1）渗水原因分析

初期支护与衬砌之间也无任何防水、排水设计，为满足衬砌混凝土浇筑要求，项目在衬砌混凝土施工前进行注浆封堵，但注浆堵水对于滴水及湿渍状态出水封堵较为困难，要达到全部封堵很难实现。

在混凝土浇筑前仓面虽然处于干燥状态或原出水点径向注浆堵水时没有达到永久堵水效果或原出水点封堵以后随着时间和压力的迁移水又从其他新的薄弱面渗出，可能在浇筑混凝土后背水面闭压以及其他部位出水点进行注浆可能导致地下水从该仓薄弱的部位沿着混凝土不密实处渗出。

（2）渗水预防措施

①注浆效果不明显主要是因为洞壁开挖及初期支护面没有一个完整的封闭止浆墙，且灰岩地层的特殊构造导致岩体里面无法形成规律的浆液扩散及压力，有可能随着岩石里面的溶槽溶隙及水道流散掉了。如果整个隧洞进行系统的径向注浆，形成径向帷幕的效果，从而彻底固结封闭整个径向岩体形成止水墙，但成本相对较高。

②在渗漏水不易封堵、无法封堵的位置采取引排的措施，保证仓面无水满足衬砌施工条件。

③混凝土浇筑过程中加强振捣，避免振捣死角，减少不密实的地方，保证混凝土密实，减少渗水情况发生。

④初期支护面渗水采取堵排结合的措施进行治理，在满足衬砌混凝土浇筑的前提下，尽量防止出现渗水的情况。

⑤在混凝土原配合比设计中加入防渗剂，增强混凝土防渗性能。

2）裂缝

（1）裂缝原因分析

本洞段出现裂缝的时间均为脱模后（脱模时间均为混凝土浇筑完成并脱模 1～15d 时间不等），可能与养护不到位、混凝土振捣不密实、背水面洞壁渗水压力、全圆混凝土自重、混凝土水化热等有一定的关系，但也不排除与原材料、配合比、温度控制措施、施工缝偏少等有一定的关系。

科研小组主要从水化热方面进行监测，混凝土芯部温度曲线如图 5-22、图 5-23 所示。

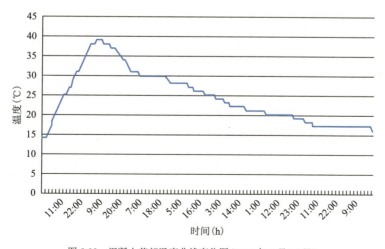

图 5-22　混凝土芯部温度曲线变化图（2017 年 2 月 22 日）

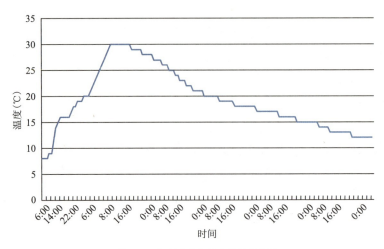

图 5-23 混凝土芯部温度曲线变化图

从图 5-22 中可以看出,混凝土在浇筑 24h 左右达到峰值,温度在 30～40℃,隧洞内气温保持在 8℃左右,温差达 30℃,可能会产生裂缝。

(2)处理措施及建议

①严格按照设计配合比进行施工,对设计配合比进行充分的优化,在满足混凝土强度和抗渗要求的前提下增加低热胶凝材料,选用低热水泥。

②控制脱模时间,尽可能让混凝土在台车约束下满足一定的强度,以抵抗混凝土自重压力。

③严格落实施工温控措施,混凝土的出机温度、入仓温度及作业面环境温度尽可能一致,降低温差过大引起混凝土本身性能的突变。冬季施工时水温不得高于 55°,通过降低出机温度、入模温度,降低混凝土水化热。

④加强养护工作,为防止洒水造成混凝土降温速度太快,在养护前 3d 先喷洒养护剂。

3)底部气泡

(1)气泡产生原因分析

全圆针梁式台车一次成型衬砌,施工时底部混凝土气泡振捣后无法排出。底部振捣不到位或仓内积水清理不彻底等原因均可能引起气泡或泌水,进而导致水泡附着在模板底部形成蜂窝麻面。

(2)气泡处理措施

①加强振捣,采用多个插入式振捣器 +12 个附着式振捣器配合振捣,使底部混凝土气泡尽可能完全排出。

②混凝土浇筑前仓内积水务必抽排干净,禁止水进入仓面,附着在模板内形成气泡。

③控制混凝土施工配合比,降低混凝土泌水率。

④采用水溶性脱模剂利于混凝土气泡稀释,同时要控制脱模剂涂刷均匀,以防脱模剂太厚堆积泌水或气泡集中不流动。

5.3 大断面超深孔反向掘进爆破成井施工技术

5.3.1 工程概况

饮马河调压井位于TBM进口钻爆段，调压井所处地貌为丘陵斜坡，形式为圆筒式，开挖直径为20m，衬砌后直径18m，深59.8m，底部为总干线隧洞，竖井施工前已开挖支护完成。

该处地貌为丘陵，山势缓，植被不发育，地层岩性为砂砾岩，岩石坚硬。地质测绘及钻探未见大的构造形迹，地下水埋深7.3m，地下水发育。自上而下围岩分类如下：高程275.06～269.46m围岩为碎块石含少量黏性土，围岩为散体结构，类别为Ⅴ类；高程269.46～249.06m围岩为全风化状态，呈碎裂结构，类别为Ⅳ类；高程249.06～202.56m围岩为弱风化状态，岩体镶嵌碎裂—次块状结构，围岩类别以Ⅲ类为主。

竖井Ⅳ、Ⅴ类围岩段支护由挂网喷混凝土、系统锚杆、钢拱架、超前导管组成。喷混凝土厚度20cm，喷混凝土强度等级为C20；系统锚杆采用$\phi25mm@3000mm$，梅花形布置；钢拱架由I16工字钢焊接而成，工字钢间距为1.0m（中对中）；导管采用$\phi42mm\times3.5mm$热轧无缝钢管，$L=4000mm$，沿井壁环向间距为50cm，纵向间距为2.0m；采用水泥浆液，注浆压力为0.8MPa。

Ⅲ类围岩段支护采用挂网喷混凝土、随机锚杆组成。喷混凝土厚度为12cm，喷混凝土强度等级为C20，随机锚杆尺寸为$\phi25mm$，$L=3000mm$。

竖井井身为钢筋混凝土永久衬砌，主筋采用直径为22mm三级钢，分布筋直径为12mm二级钢，勾筋直径为8mm，衬砌厚度按高程分为1200mm（高程270.00～256.40m段）及1000mm（高程256.40～213.002m段），混凝土强度标号为C25。

5.3.2 总体施工组织设计

（1）选型原则

充分考虑地质地形条件，最大限度地方便场地布置、设备进场、施工，以及施工过程中能及时封闭围岩。

充分利用下部隧道空间和通道展开施工，确保安全及工效。

（2）施工方法选择

传统竖井施工方法主要有：正向钻爆法（普通法）、反向钻爆法（爬罐爆破法）、机械钻井法、深孔反向爆破法四种。

①正向钻爆法。由于井口施工场地狭小，便道引入困难，大型设备特别是门吊等提升设备难以到达井口，出渣进料困难，方案难以实施。

②反向钻爆法。由于竖井断面大，需要作业人员在井内完成多道复杂的工序，工作环境恶劣、安全性差，成本高、效率低。

③机械钻井法。采用机械钻井法虽然不需要作业人员在井内施工，工作环境安全良好，但需要的施工机械设备庞大，准备时间长，设备购置费用高；受井口地形限制，设备难以抵达，受竖井断面限制，且施工机械本身还有待完善，也不适用于本工程。

④深孔反向爆破。深相比之下，利用已有隧道空间进行深孔反向爆破，既避免了前几种施工方法的缺点，而且在施工作业环境和技术操作方面具有优势，一直是研究的热点和推广的对象。研究表明，深孔反向爆破法成本约为正向爆破法的40%、机械钻井法的30%，而效率约为正向爆破法的141%、机械钻井法的128%。综合考虑调压井地质地形条件，经反复研究比选，最终决定充分利用既有隧道空间采用深孔反向爆破法进行调压井施工，即"深孔分段、分层留渣爆破，边支护边出渣"的整体施工方案。

5.3.3 爆破设计

（1）总体爆破设计

根据调压井结构特点，将整个竖井爆破分为三大爆破区域、六大段，进行分区、分段、分层爆破，爆破区域分为中央导井爆破、主体崩落爆破、周边预裂爆破，其中各区爆破范围又分为三大段；导井爆破主要是由下而上分段、分层形成一个直径为6m的中心导井，为后续主体崩落爆破创造自由面并提供补偿空间。预裂爆破主要是在主体崩落爆破前实施，以在调压井设计轮廓线处形成一条裂缝，以确保开挖面平整并有效减弱爆破振动。为了充分利用竖井底部已贯通的自由面和中间导井自由面，崩落爆破主要由下向上、由里向外分段、分层爆破主体岩体，如图5-24所示。

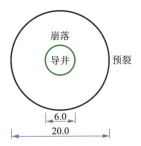

图5-24 调压井爆破三大类别分布俯视图（尺寸单位：m）

（2）爆破分区

为确保爆破质量并有效控制爆破振动，将本次50m厚、15708m^3的岩体划分为六大分区进行分块、分段、分层爆破。其中导井爆破范围分为三大区域；预裂和崩落爆破范围分为三大区，爆破分区情况，如图5-25所示。简述如下：

①"0区"代表预先完成的工作。

要求将该分区进行预先开挖并将爆渣进行清运。

该分区必须要预先进行的主要原因：一是预先采用水平浅孔爆破的难度比钻60m深垂孔爆破的难度小得多；二是隧道上方的调压井岩体爆破需要补偿空间，光靠隧道本身的空间是不足的;三是深孔钻孔的偏斜率需要通过钻穿炮孔后进行测定并据实调整药量,如果其底下不爆破清运,则无法确定该处的钻孔状况;四是深孔爆破一般需要将孔钻穿的另一个目的就是对孔内的裂隙水、钻渣、节理夹泥等进行有效下溜,确保孔内通透从而保证装填可靠。

值得注意的是,在预先进行"0区"的爆破开挖和爆渣清运过程中,需要注意顶板稳定性校核,必要时还得进行钢支撑。

②中间导井爆破分为三个区。

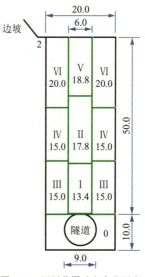

图 5-25 调压井爆破六大分区立面图(尺寸单位:m)

对中间导井设置分区并分段,主要有三个方面考虑:一是中间导井深度达 50m,一次爆破成形,理论上是可行的,但是实际施工难度太大,其影响因素太多,有岩体结构构造方面的、有钻孔工艺方面的、有炸药装填工艺方面的,也有爆炸物品方面的;二是根据施工单位在矿山的深孔一次成形经验,高度在 15~20m,是可行且可靠的;三是隧道底下的补偿空间有限。

本工程将中间导井设计为直径 6m,将全长 50m 的中间导井分为下、中、上三个区,并分为三个时段,即:Ⅰ区高 13.38m、Ⅱ区高 17.84m 和Ⅴ区高 18.78m。

③主体崩落爆破分为三个区。

预裂爆破与崩落爆破同步进行,只是比同段崩落爆破早响一步。将主体崩落爆破在全高上分成Ⅲ区、Ⅳ区和Ⅵ区三个区,主要是考虑底下的补偿空间、炸药装填难度及爆破振动三个因素。

④各分区起爆顺序。

在爆破顺序上,深孔爆破总体上分为 5 个时间段起爆。Ⅰ区为第 1 段,Ⅱ区为第 2 段,Ⅲ区为第 3 段,Ⅳ区为第 4 段,Ⅴ区和Ⅵ区为第 5 段。"起爆顺序"栏的数字"3.5"代表该分区的起爆顺序与数字"3"对应的分区皆为第三段起爆,但时间稍延迟于"3",其余依次类推。

依据爆破安全控制标准,确定最大单响起爆药量,再进行段内分层、层间微差延期。

(3)导井爆破

采用一种进行深孔球形药包分段分层、从下向上爆破形成天井的施工方法,不需要大直径中空孔作为自由面,钻凿深孔的工作量较少,对炮孔偏斜要求较低。

(4)主体崩落爆破

前期中间导井爆破已经形成了足够大的补偿空间,此时的主体崩落爆破,主要采用地下深孔台阶爆破技术进行爆破设计。考虑到地下爆破的约束性大及现场出渣要求爆破块度小的特点,适当缩小孔网参数,加大炸药量,分段分层由中向外推进。

(5)周边预裂爆破

沿调压井开挖边界布置密集炮孔,采用低猛度不耦合串状间隔装药预裂爆破模式,在前方主体崩落爆破之前起爆,形成一条介于主体崩落爆破区和调压井边界保留区之间的裂缝,以减弱主炮孔爆破对被保护岩体的破坏并形成平整轮廓面。

（6）竖井分段高度

根据以往深孔成井爆破经验,分段高度不宜超过20m,因此,将50m深的导井分成三段,设计的三段高度分别为13.38m、17.84m和18.78m,结合层高2.23m;崩落区及预裂区结合补偿空间大小的实际情况,设计三段高度分别为15m、15m和20m。

（7）补偿空间校核

在调压井主体岩体崩落之前,必须完成底部隧道调压井部位开挖并清运,否则没有足够的补偿空间。在校核导井爆破时,按最不利的情况进行校核,即还没有来得及进行上述部分的开挖清运,此时的补偿空间仅为底部的隧道,底部隧道中松散爆渣自然堆积体积如图5-26所示。

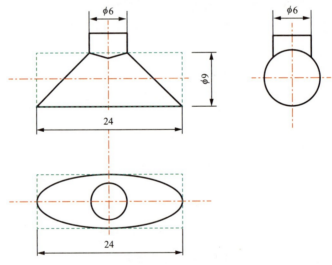

图5-26 底部隧道中爆渣自然堆积体积三视图（尺寸单位:m）

通过计算分析,可以发现:

①底部隧道能为导井爆渣提供763.41m³的补偿空间。

②导井第1段(13.38m高)爆破后,产生567.47m³的爆渣,将全部落入底部隧道提供的补偿空间中,尚为第2段留下了574.25m³的补偿空间。

③导井第2段(17.84m高)爆破后,产生756.62m³的爆渣,部分落入前面留下的补偿空间中,还会占据部分自己的原岩空间中,最后为第3段留下了322.04m³的补偿空间。

④导井第3段(18.78m高)爆破后,产生796.62m³的爆渣,部分落入前面留下的补偿空间中,还会占据部分自己的原岩空间中,并留有55.42m³的空间。

⑤全部导井爆破完成后,还有55.42m³的空间,折算为导井深度约为2m,也就是说,如果导井分段爆破后不进行渣土清运,最后的爆渣会堆积到井中距地面约2m的高度处。

所以,底部隧道的补偿空间足够导井爆破堆积爆渣。

(8)网络连接

①导井爆破起爆网络设计

为确保延期时间准确可靠,导井爆破统一采用高精度延期电雷管;将孔内雷管延时统一确定为1800ms,孔外延期雷管采用9ms和250ms两种进行接力组合。

导井爆破全高50m,共分3段、22层、1100个药包、220响,每5个药包为一响。

第1段在第Ⅰ区,首先爆破,共6层300个药包分60响,每层由下层到上层间起爆延期250ms;第2段在第Ⅱ区,第二轮爆破,共8层400个药包分80响,每层由下层到上层间起爆延期250ms;第3段在第Ⅴ区,最后一轮爆破,共8层400个药包分80响,每层由下往上层间起爆延期250ms。

下面以第1段第1层为例来说明各层内各响起爆分区,如图5-27、图5-28所示。分层之间由下层到上层逐渐延期250ms;每层内部,按每5个炮孔一响共10响,由内往外依次分布。

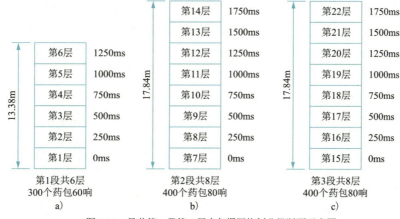

图5-27 导井第一段第1层内起爆网络划分纵断面示意图

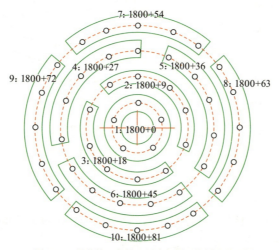

图5-28 导井第一段第1层内起爆网络划分俯视图

说明:第2层基本上与第1层相同,只是各响再增加250ms延期,依此可确定第3、4、5层的起爆分区。

同理，可确定第2、3段各层各响起爆分区，前6层与第1段相同，只是增加了第7层和第8层。

②崩落爆破起爆网络设计

为减少雷管采购品种，崩落爆破孔内雷管延时统一确定为1800ms，孔外延期雷管采用25ms和9ms二种进行组合，导爆索采用塑料皮普通类别。

崩落爆破比同段的预裂爆破稍延迟100ms起爆。

崩落爆破炮孔共分3段三圈，段内不再分层，而是用导爆索串PVC管隔进行全段孔内装药。起爆顺序设计原则为先起爆下面分段后起爆上面分段，即按第1段到第2段，再到第3段的顺序；每个分段起爆顺序设计原则为先起爆里圈炮孔后起爆外圈炮孔；同一圈内的炮孔起爆顺序设计原则为逐孔起爆，圈内炮孔延期时间为25ms，圈与圈之间延期时间为9ms，第3段要延迟于该起爆区内的导井爆破100ms，如图5-29所示。

下面以第1段为例说明各段各响起爆设计，如图5-30所示。第5圈共16个孔，孔间用25ms高精度雷管接力延期起爆；第6圈共22个孔，首响孔与第5圈首响用9ms高精度雷管延期，以后孔间用25ms高精度雷管接力延期起爆；第7圈共28个孔，首响孔与第6圈首响用9ms高精度雷管延期，以后孔间用25ms高精度雷管接力延期起爆。

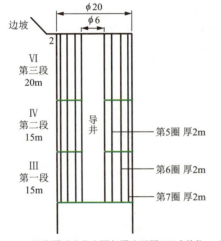
图5-29 崩落爆破分段分圈起爆分区图(尺寸单位：m)

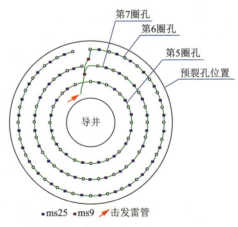
图5-30 崩落爆破第一段起爆网络设计图

同理，可确定第2、3段各层各响起爆分区，第3段高度为20m，比第1段高出5m，另外第3段要稍后于第3段预裂爆破100ms，相应第3段各孔起爆时间往后推迟100ms，其他也与第1段相同。

③预裂爆破起爆网络设计

为减少雷管采购品种，预裂爆破孔内雷管延时统一确定为1800ms，孔外接力延期雷管采用9ms高精度雷管，导爆索采用塑料皮普通类别。

预裂爆破比同段的崩落爆破提前100ms起爆。

预裂爆破炮孔布置在调压井周边上，采用双股导爆索串50mm药卷，用高精度雷管起爆；为减少爆破振动，设置孔间9ms微差，即用9ms高精度雷管接力传爆。

下面以第 1 段为例来明各段各响起爆设计,基本网络连接与崩落孔的第 1 段相似,只是将中间的接力雷管由 25ms 改为了 9ms 高精度雷管;由于第 2 段高度与第 1 段相同,因此第 2 段与第 1 段的所有参数也都相同,其各响起爆分区也与第 1 段相同;第 3 段高度为 20m,比第 1 段高出 5m,另外第 3 段要稍后于导井爆破 100ms,相应第 3 段各孔起爆时间往后推迟 100ms,其他也与第 1 段相同。

5.3.4 施工工艺

1）钻孔工艺

钻孔机械的选择影响成井的成本,施工工艺的可行性则影响成井的成败。本次钻孔机械选择 HJGW300C 水井钻机。

超深孔爆破法对钻孔的要求:一是开孔定位准确;二是钻孔偏斜率要求不大于 0.5%。由于炮孔长达 50m 且直径大,很容易造成偏斜,必须采取一定的防偏及纠偏措施,常用措施有:

（1）彻底清除调压井上部浮渣后,在调压井上口浇筑 1 层 20cm 厚的混凝土底盘或用风镐找平,再在其上面标出各炮孔的位置并钻孔,钻进时要做到"平""直""准""齐",钻孔临近全深时,减压钻进。

（2）安装导向管能有效减小由于钻杆晃动造成的钻孔偏斜。

（3）要求所有炮孔都必须全部钻穿,这样有利于孔底的水分、泥沙等自动下溜,同时要求对每孔进行测量,确定实际钻孔编斜率,作为后期装药的基本依据。

（4）钻进时,采用重锤法测斜。钻进每 3m 测斜一次,钻孔完成后还应进行钻孔测斜,绘制实测图,偏斜时可采用以下方法进行处理。

①反向回转钻进纠偏法:当钻孔方位沿钻头回转方向偏斜时（如右旋）,以反转（左旋）钻进纠正。

②扩孔纠偏法:加大一级钻具,从较直的孔段向下打扫,将偏的孔段通过扩壁纠直。

③回填老孔纠斜法:一般在老孔孔底偏斜段灌注水泥,待凝固后,选用长、粗、重的钻具,并配无内出刃的金属钻头,轻压慢转并反复扫孔,恢复顺直的新孔达到 0.5m 以上,开始正常钻进,之后每钻进 3m 进行一次测斜。

④如果钻孔打歪、交叉、超偏,充填后重新补孔。

2）装填工艺

（1）封堵措施

炮孔要求打透,爆破时就需要对打透的炮孔进行封堵,炮孔下口封堵采用带橡胶皮的封堵块。封堵块为一块直径比炮孔略小的混凝土圆柱体,其上浇筑一个铁环,其下固定一块直径比炮孔略大的橡胶皮,如图 5-31 所示。使用时,该封堵块可以通过自身重力下沉到炮孔底部,到达指定位置后,只要轻轻用力往上拉铁环,橡胶皮

图 5-31 炮孔封堵块

就会自动翻转,从而固定在炮孔中,完成封堵。

(2)导井装药结构

装药前,先用导井器进行验孔,确保孔内畅通,并尽量保持干燥;验孔后,用带橡胶的水泥块对孔底进行封堵;每层炸药装填时用专用测绳反复确定装填河砂、炸药位置,然后按设计位置用钢丝绳将炸药轻轻放入,确定炸药到位后,再倒入合适数量的干河砂,再依次将炸药和河砂装入孔内,最后进行堵塞。

(3)崩落孔装药结构

崩落孔采用的是导爆索串直径 120mm 的药柱,中间间隔 PVC 管的结构。将该分段爆破的药量均匀串在双股导爆索上,导爆索要绑扎在钢丝上。

(4)预裂爆破装药结构

由于预裂爆破采用的是导爆索串药卷、空气间隔装药,为了防止药卷弯曲,必须把药卷绑扎在直径 2mm 左右的细钢丝绳上,外敷双股导爆索后形成药串。为保证顶底部充分炸开,加大顶底 0.5～1.0m 范围内的装药量,其药量为正常装药量的 2 倍。形成完整的药包后,提钢丝绳慢慢送入相应的孔内,利用药串上的粗绳悬吊在孔外。

5.3.5 实施效果

项目通过采用超深孔反向掘进爆破技术,按时、保质地完成了饮马河调压井开挖和初期支护任务,在爆破施工中导井爆破充分的为后期爆破提供了足够的补偿空间及爆破自由面;预裂爆破后井身成形规整、圆顺且炮眼痕迹保存率Ⅳ类围岩≥65%,Ⅲ类围岩≥85%,井身无超欠情况;崩落爆破后石块均匀、围岩稳定、渣体正好填充整个井身并为后期支护施工提供工作平台,整个爆破效果达到预期的要求,如图 5-32 所示。

图 5-32 竖井成形

超深孔反向掘进爆破施工,其全部爆破作业都在露天地面上完成,即在平台上进行钻孔、验孔、堵孔、装药、填塞、连线、起爆等作业,通过底部总干线通道进行出渣,出渣量便于上部支护为准,边出渣边支护,整个施工过程中减少施工人员在井内工作工序,改善工作环境、提高施工安全。

采用超深孔反向掘进爆破施工,其钻孔单耗 0.57m/m³,炸药单耗 2.16kg/m³,取消了井口提升设备,缩短工期 10d,综合降低成本 34.67 万元。

5.4 小结

通过本章研究可得出如下结论:

(1)通过对 TBM 掘进期间遇到的不良地质问题进行分析,总结出了 TBM 在不同不良地质条件下的应对措施,可供同类 TBM 掘进施工参考。

(2)TBM 在不良地质条件下施工技术在施工过程中应用,降低了 TBM 掘进过程中刀盘低头、卡机等施工风险,也降低了初期支护变形破坏、拱顶坍塌等安全风险,实现了敞开式 TBM 在灰岩地层中长距离掘进的可行性,填补了国内 TBM 穿灰岩地层施工的空白。

(3)敞开式 TBM 在花岗岩、凝灰岩和凝灰质砂岩、碳质板岩质板岩地质条件下掘进,通过对其掘进参数的分析,TBM 最为适合在凝灰质砂岩中快速掘进,其次为凝灰岩、花岗岩,最后是碳质板岩质板岩;敞开式 TBM 适合在凝灰岩、凝灰质砂岩和Ⅲ类花岗岩地层快速掘进,若掘进速度按 60mm/min,TBM 有效掘进利用率为 46%,则日进尺可达 40m,掘进效率相当可观。

(4)通过对 TBM 在不同地层中掘进参数及适应性分析,得出了 TBM 在不同地层中掘进参数的波动范围,可为同类项目 TBM 参数制定提供参考;掘进参数波动范围见表 5-5。

不同地层中掘进参数波动范围统计表　　　表 5-5

地层类型	掘进速度 (mm/min)	刀盘扭矩 (kN·m)	刀盘转速 (r/min)	贯入度 (mm/rev)	推进压力 (bar)	撑靴压力 (bar)
碳质板岩	10~30	600~3800	2.5~4.8	3~13	60~94	218~254
凝灰岩	60~75	2010~3070	6~7.2	9~12	120~195	284~300
凝灰质砂岩	49~77	1520~2900	6~7.4	7~11	100~220	232~325
花岗岩	18~56	1662~3081	6.2~7.4	3~8	192~248	305~335

第 6 章

TBM 施工动态监控与风险安全管控关键技术

Key construction technologies of Open-type TBM——
A Practice in Jilin Yinsong water supply project

Key construction technologies of Open-type TBM——
A Practice in Jilin Yinsong water supply project

TBM 施工动态监控与风险安全管控关键技术 | 第 6 章

6.1 TBM 施工动态安全监控技术

本工程通过对开挖段落围岩收敛变形的持续监控量测,得出多个布点、持续 60d 的监测数据,并通过单点累计下沉值和下沉速度等数据综合判定是否存在风险,同时对连续的多个布点进行监控,综合其他因素判定此段围岩属于正常收敛值范围内。

(1)监测点里程 K52+395.0,监控数值见表 6-1,沉降趋势如图 6-1 所示。

监控数值表 表 6-1

监测点里程 (m)	埋设位置	掌子面里程 (m)	距掌子面 (m)	累计监测时间 (d)	累计拱顶下沉值 D_n (mm)	拱顶下沉值 D_n-D_{n-1} (mm)	时间间隔 (d)	拱顶下沉速度 (mm/d)	监测点评价
K52+395.0	周边	K52+382.0	13.0	0	0.00	0.00	0	0.00	初测
K52+395.0	周边	K52+371.7	23.3	1	−0.80	−0.80	1	−0.80	不稳定
K52+395.0	周边	K52+293.9	101.1	11	−1.30	−0.50	10	−0.05	稳定
K52+395.0	周边	K52+205.2	189.8	18	−1.60	−0.30	7	−0.04	稳定
K52+395.0	周边	K52+071.6	323.4	25	−1.80	−0.20	7	−0.03	稳定
K52+395.0	周边	K52+009.4	385.6	32	−2.00	−0.20	7	−0.03	稳定
K52+395.0	周边	K51+895.9	499.1	39	−2.30	−0.30	7	−0.04	稳定
K52+395.0	周边	K51+749.5	645.5	46	−2.40	−.10	7	−0.01	稳定
K52+395.0	周边	K51+705.0	690.0	53	−2.50	−0.10	7	−0.01	稳定
K52+395.0	周边	K51+705.0	690.0	60	−2.50	0.00	7	0.00	停测

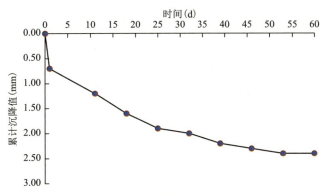

图 6-1 沉降趋势曲线

基于实测数值对其进行处理和回归分析,建立如图 6-2 所示的水平收敛回归分析。推算出最终的位移量 U_{max}=1.99mm,基本稳定时间为 11d,围岩沉降值达 1.81mm,沉降率达

90.6%＞90%,位移速度 0.02mm/d<0.2mm/d,故围岩基本稳定。因此,该段围岩稳定性较差,初期支护 11d 后该围岩收敛完成、形成自稳,可进行二次衬砌。

建立位移(U)随时间(T)发展的时态函数,根据量测数据分别进行下列函数计算:
1.对数函数 $U=a\lg(1+T)$; 2.指数函数 $U=a\times e^{-(b/T)}$; 3.双曲函数 $U=T/(a+bT)$ 的回归计算

时间T (d)	实测沉降值U (mm)	回归值$\tilde{U}$ (mm)	$U-\tilde{U}$ (mm)
1	0.70	0.68	0.02
11	1.20	1.81	-0.61
18	1.60	1.88	-0.28
25	1.90	1.91	-0.01
32	2.00	1.93	0.07
39	2.20	1.94	0.26
46	2.30	1.95	0.35
53	2.40	1.95	0.45
60	2.40	1.96	0.44

1.对数函数: $U=1.224\lg(1+T)$
相关性 $r=0.9679$ 标准偏差 $\delta=0.1599$

2.指数函数: $U=1.9923\times e^{-(1.0802/T)}$
相关性 $r=0.8776$ 标准偏差 $\delta=0.2167$

3.双曲线函数: $U=T/(0.948+0.5003T)$
相关性 $r=0.9432$ 标准偏差 $\delta=0.1226$

以上三种回归方程,函数 _2_ 的相关系数r的绝对值最靠近 _1_,标准偏差最小,则回归精度较高,故选用该回归方程来预测

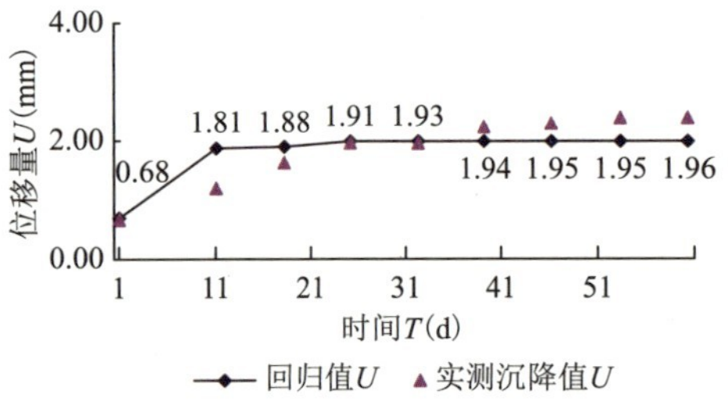

分部工程部位:主洞

桩号 K52+410.0　监测点编号 K822SL1

围岩类别: Ⅳ类

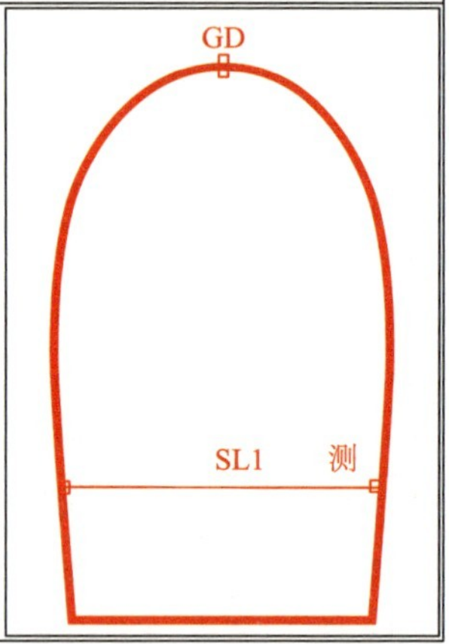

图 6-2　围岩收敛回归分析

(2)监测点里程 K52+340.0,监控数值见表 6-2,沉降趋势如图 6-3 所示。

监 控 数 值 表　　　　表 6-2

监测点里程 (m)	埋设 位置	掌子面里程 (m)	距掌子面 (m)	累计监测 时间 (d)	累计拱顶 下沉值D_n (mm)	拱顶下沉值 D_n-D_{n-1} (mm)	时间间隔 (d)	拱顶下沉 速度 (mm/d)	监测点 评价
K52+340.0	周边	K52+329.1	10.9	0	0.00	0.00	0	0.00	初测
K52+340.0	周边	K52+320.9	19.1	1	-0.60	-0.60	1	-0.60	不稳定
K52+340.0	周边	K52+246.7	93.3	11	-1.10	-0.50	10	-0.05	稳定
K52+340.0	周边	K52+092.4	247.6	18	-1.50	-0.40	7	-0.06	稳定
K52+340.0	周边	K52+032.4	307.6	25	-1.70	-0.20	7	-0.03	稳定
K52+340.0	周边	K51+943.6	396.4	32	-1.90	-0.20	7	-0.03	稳定
K52+340.0	周边	K51+785.4	554.6	39	-2.00	-0.10	7	-0.01	稳定
K52+340.0	周边	K51+705.0	635.0	46	-2.20	-0.20	7	-0.03	稳定
K52+340.0	周边	K51+705.0	635.0	53	-2.30	-0.10	7	-0.01	稳定
K52+340.0	周边	K51+705.0	635.0	60	-2.30	0.00	7	0.00	停测

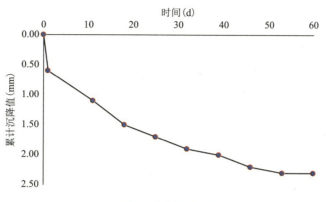

图 6-3 沉降趋势曲线

基于实测数值对其进行处理和回归分析,建立如图 6-4 所示的水平收敛回归分析。推算出最终的位移量 U_{max}=1.86mm,基本稳定时间为 12d,围岩沉降值达 1.69mm,沉降率达 90.7%>90%,位移速度 0.01mm/d<0.2mm/d,故围岩基本稳定。因此,该段围岩稳定性较差,初期支护 12d 后该围岩收敛完成、形成自稳,可进行二次衬砌。

建立位移(U)随时间(T)发展的时态函数,根据量测数据分别进行下列函数计算: 1.对数函数 $U=a\lg(1+T)$;2.指数函数 $U=a\times e^{-(b/T)}$;3.双曲线函数 $U=T/(a+bT)$ 的回归计算					
时间 T (d)	实测沉降值 U (mm)	回归值 $\tilde{U}$ (mm)	$U-\tilde{U}$ (mm)	1.对数函数: $U=1.199\lg(1+T)$ 相关性 $r=0.9669$　　标准偏差 $\delta=0.1594$
1	0.60	0.58	0.02	
11	1.10	1.68	−0.58	2.指数函数: $U=1.8630\times e^{-(1.1685/T)}$ 相关性 $r=0.8845$　　标准偏差 $\delta=0.2264$
18	1.50	1.75	−0.25	
25	1.70	1.78	−0.08	3.双曲线函数: $U=T/(1.155+0.5329T)$ 相关性 $r=0.9528$　　标准偏差 $\delta=0.1352$
32	1.90	1.80	0.10	以上三种回归方程,函数 <u>2</u> 的相关系数 r 的绝对值最靠近 1,标准偏差最小,则回归精度较高,故选用该回归方程来预测
39	2.00	1.81	0.19	
46	2.20	1.82	0.38	
53	2.30	1.82	0.48	
60	2.30	1.83	0.47	

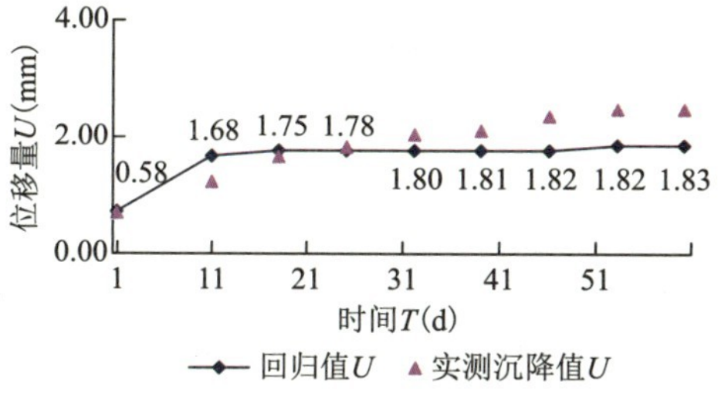

分部工程部位:主洞

桩号 K52+340.0　　监测点编号 K828SL1

围岩类别:Ⅳ类

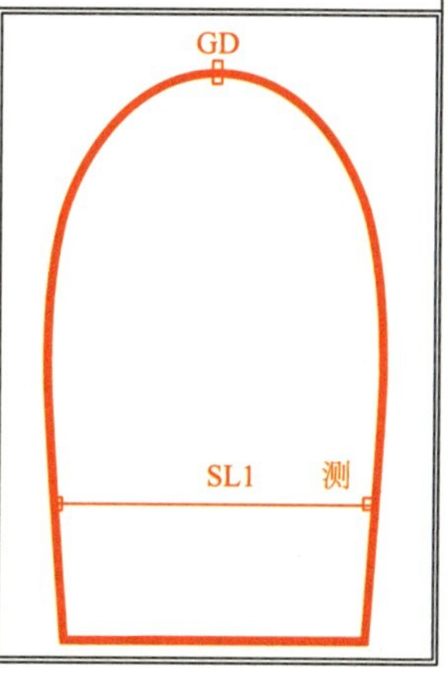

图 6-4 围岩收敛回归分析

（3）监测点里程 K52+060.0，监控数值见表 6-3，沉降趋势如图 6-5 所示。

监 控 数 值 表　　　　　　　表 6-3

监测点里程（m）	埋设位置	掌子面里程（m）	距掌子面（m）	累计监测时间（d）	累计拱顶下沉值 D_n（mm）	拱顶下沉值 D_n-D_{n-1}（mm）	时间间隔（d）	拱顶下沉速度（mm/d）	监测点评价
K52+060.0	周边	K52+054.6	5.4	0	0.00	0.00	0	0.00	初测
K52+060.0	周边	K52+051.0	9.0	1	−0.60	−0.60	1	−0.60	不稳定
K52+060.0	周边	K51+927.9	132.1	11	−1.20	−0.60	10	−0.06	稳定
K52+060.0	周边	K51+766.6	293.4	18	−1.70	−0.50	7	−0.07	稳定
K52+060.0	周边	K51+705.0	355.0	25	−2.10	−0.40	7	−0.06	稳定
K52+060.0	周边	K51+705.0	355.0	32	−2.40	−0.30	7	−0.04	稳定
K52+060.0	周边	K51+705.0	355.0	39	−2.60	−0.20	7	−0.03	稳定
K52+060.0	周边	K51+705.0	355.0	46	−2.80	−0.20	7	−0.03	稳定
K52+060.0	周边	K51+705.0	355.0	53	−2.90	−0.10	7	−0.01	稳定
K52+060.0	周边	K51+705.0	355.0	60	−2.90	0.00	7	0.00	停测

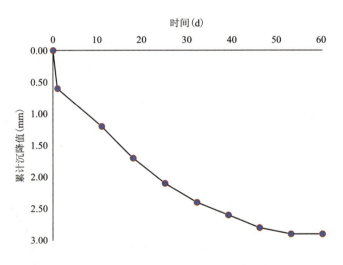

图 6-5　沉降趋势曲线

基于实测数值对其进行处理和回归分析，建立如图 6-6 所示的水平收敛回归分析。推算出最终的位移量 U_{max}=2.3mm，基本稳定时间为 14d，围岩沉降值达 2.008mm，沉降率达 90.6%>90%，位移速度 0.02mm/d<0.2mm/d，故围岩基本稳定。因此，该段岩稳定性较差，初期支护 14d 后该围岩收敛完成、形成自稳，可进行二次衬砌。

TBM 施工动态监控与风险安全管控关键技术 | 第 6 章

建立位移(U)随时间(T)发展的时态函数，根据量测数据分别进行下列函数计算：
1.对数函数 $U=a\lg(1+T)$；2.指数函数 $U=a\times e^{-(b/T)}$；3.双曲函数 $U=T/(a+bT)$ 的回归计算

时间T (d)	实测沉降值U (mm)	回归值$\bar{U}$ (mm)	$U-\bar{U}$ (mm)
1	0.60	0.57	0.03
11	1.20	2.02	-0.82
18	1.70	2.13	-0.43
25	2.10	2.17	-0.07
32	2.40	2.20	0.20
39	2.60	2.22	0.38
46	2.80	2.23	0.57
53	2.90	2.24	0.66
60	2.90	2.24	0.66

1.对数函数：$U = 1.672\lg(1+T)$ 相关性 $r = 0.9550$ 标准偏差 $\delta = 0.2615$

2.指数函数：$U = 2.2961\times e^{-(1.3866/T)}$ 相关性 $r = 0.8744$ 标准偏差 $\delta = 0.2826$

3.双曲线函数：$U = T/(1.258+0.4316T)$ 相关性 $r = 0.9554$ 标准偏差 $\delta = 0.1429$

以上三种回归方程，函数 _3_ 的相关系数 r 的绝对值最靠近 _1_，标准偏差最小，则回归精度较高，故选用该回归方程来预测

分部工程部位：主洞

桩号　　　　监测点编号
K52+060.000　K846SL1

围岩类别：　Ⅳ类

图 6-6　围岩收敛回归分析

6.2 TBM 施工风险分析

6.2.1 智能数据分析

大数据中心云平台具备综合风险分析预警功能。数据查询功能可对工程平面图、纵剖图、关键参数、工程数据、地质数据等信息进行查询；数据分析功能可对关键参数、导向参数、综合参数、管片姿态、地表沉降等进行分析。

（1）系统根据风险源自动识别风险，当 TBM 邻近风险点时，大数据中心会自动发出预警，告知前方可能会出现的地质情况和风险类型。

（2）当设备关键参数突变或者人员误操作时，大数据中心都会立刻作出判断，及时发送

预警并通知相关人员,将施工风险和损失降到最低。

6.2.2 风险因素分析

1)地质因素分析

本标段不良地质主要分为三类:灰岩岩溶溶洞群、断层破碎带、突水涌泥段。

(1)灰岩岩溶溶洞群

小规模溶洞对 TBM 掘进通过不会造成本质影响;大型空洞溶洞会对 TBM 掘进造成极大威胁,TBM 贸然掘进揭露易发生塌方、卡机事故,尤其在隧道下部揭露时,可能产生 TBM 低头,甚至掉机的事故。由于该段落地下水补给充沛,溶洞极易充填,遭遇突水涌泥灾害;本段落沿线断层破碎带发育且地下水丰富,灰岩地层中的岩溶管道很容易联通富水断层。轻者延误 TBM 施工,重者或导致围岩坍塌、突水涌泥等严重后果。

(2)断层破碎带

本标段 TBM 掘进通过断层及其破碎影响带最大为 F_{w31-3} 断层,断宽不确定,影响带宽度 200m,以及 F_{w31-4}、黄榆水库下方断层,断层破碎带易发生掉块、塌腔,尤其与导水通道相连,易发生突水涌泥事故,如若处理不当易发生开机延误工期,甚至人机损伤。

(3)涌水突泥段

根据地质资料,本标段可能发生涌水突泥问题的洞段最可能出现在如下一些部位:河谷、沟谷浅埋段,岔路河、北沟、小河沿、碱草甸沟;构造发育的沟谷段,F_{28}、F_{38}、F_{41} 等构造及低阻带发育的沟谷;线路穿越、靠近水库段,石门水库、黄榆水库。

2)掘进机状态因素分析

本标段掘进机状态风险主要为两个方面:硬岩~极硬岩段对掘进机损伤、软岩大变形段快速维保。

(1)硬岩~极硬岩段

TBM 在 Ⅱ 类花岗岩为主的洞段掘进施工,刀盘转速保持在 6.2 ~ 7.4r/min、刀盘扭矩在 1662 ~ 3081kN·m、平均掘进速度为 34mm/min、平均贯入度为 5mm/rev、平均推进压力为 234bar,岩石强度高,完整性好,掘进施工效率较低,不适合快速掘进,且对刀盘、主轴承等器件磨损较大,需及时维保,解决问题。

(2)软岩大变形段

岩石的单轴抗压强度低,少数岩石如断层泥砾小于 5MPa。TBM 开挖后极有可能发生较大的变形,对 TBM 施工安全、质量、进度产生较大影响,如果收敛变形发生较为迅速,变形较大时发生围岩坍塌、卡机,钢拱架发生严重变形甚至破坏。

6.3 TBM 施工风险管控技术

充分发挥 TBM 工程大数据云平台系统的作用,为 TBM 施工管理和安全提供重要的技术支持与保障,使项目业主方、设计方、监理方、施工方、设备制造厂家、技术咨询机构等参建各方均能实时、系统、安全地获取项目施工信息,满足施工进度跟踪、设备运行维护、工程质量管理、安全风险管控等需求。

(1)针对工程难点和主要风险源,建立严格的分类、分级、分责风险管理机制,化解降低施工风险。

(2)充分利用先进的地质灾害预报技术、软岩大变形控制支护技术、云平台技术,建立完善的技术支撑,科学规避风险。

(3)快速资源保障与快速维保技术,对 TBM 能否正常施工起着决定性的作用。建立施工与保养相结合,定检与抽查并举的措施,并通过在管理实践中的逐步探索和总结,建立和完善了一整套科学,实践性强的快速维保制度。减少 TBM 在不良地质段的停留时间,在围岩未发生较大变形之前及时支护、及时维保、及时通过。

6.4 小结

通过本章研究可得出如下结论:

(1)基于信息化、智能化、大数据等高科技手段,提高 TBM 设备施工动态监控与风险安全管控能力,建立运行状态和掘进适应性评价体系,使隧洞施工迈上新台阶。

(2)通过大数据对主要施工风险进行综合分析预警。

(3)通过综合超前地质预报手段,作出智能决策,充分发挥 TBM 工程大数据云平台系统的作用,为 TBM 施工管理和安全提供重要的技术支持与保障。

第 7 章

结 论

Key construction technologies of Open-type TBM——
A Practice in Jilin Yinsong water supply project

7.1 主要研究成果

1）TBM 选型和设备配置研究结论

（1）针对本工程隧洞距离长、工期紧、地质条件复杂等施工特点,特对 TBM 设备进行了分析研究,提出了满足本工程施工的隧道支护系统、后配套及出渣系统等。

（2）TBM 设备的针对性设计制造为 TBM 在复杂地质条件下掘进提供了便利条件,提高了 TBM 掘进效率。

（3）对水管卷筒的改移、更换后部拖车平台立柱支撑、喷混凝土管路的改装以及对长距离连续皮带出渣系统的优化,减少了 TBM 掘进过程中高压电缆延伸的时间及设备的故障率,同时提高了 TBM 的掘进效率。

2）在不良地质条件下 TBM 施工技术及掘进参数、适应性研究结论

（1）通过对 TBM 掘进期间遇到的不良地质问题进行分析,总结出了 TBM 在不同不良地质条件下的应对措施。可供同类 TBM 掘进施工参考。

（2）通过 TBM 在不良地质条件下施工技术在施工过程中应用,降低了 TBM 掘进过程中刀盘低头、卡机等施工风险,也降低了初期支护变形破坏、拱顶坍塌等安全风险,实现了敞开式 TBM 在灰岩地层中长距离掘进的可行性,填补了国内 TBM 穿灰岩地层施工的空白。

（3）敞开式 TBM 在花岗岩、凝灰岩和凝灰质砂岩、碳质板岩质板岩地质条件下掘进,通过对其掘进参数的分析认为,TBM 最为适合在凝灰质砂岩中快速掘进,其次为凝灰岩、花岗岩,最后是碳质板岩质板岩。敞开式 TBM 适合在凝灰岩、凝灰质砂岩和Ⅲ类花岗岩地层快速掘进,若掘进速度按 60mm/min,TBM 有效掘进利用率为 46%,则日进尺可达 40m,掘进效率相当可观。

（4）通过对 TBM 在不同地层中掘进参数及适应性分析,得出了 TBM 在不同地层中掘进参数的波动范围,可为同类项目 TBM 参数制定提供参考。掘进参数波动范围见表 7-1。

不同地层中掘进参数波动范围统计表　　表 7-1

地层类型	掘进速度 （mm/min）	刀盘扭矩 （kN·m）	刀盘转速 （r/min）	贯入度 （mm/rev）	推进压力 （bar）	撑靴压力 （bar）
碳质板岩	10～30	600～3800	2.5～4.8	3～13	60～94	218～254
凝灰岩	60～75	2010～3070	6～7.2	9～12	120～195	284～300

续上表

地层类型	掘进速度 (mm/min)	刀盘扭矩 (kN·m)	刀盘转速 (r/min)	贯入度 (mm/rev)	推进压力 (bar)	撑靴压力 (bar)
凝灰质砂岩	49~77	1520~2900	6~7.4	7~11	100~220	232~325
花岗岩	18~56	1662~3081	6.2~7.4	3~8	192~248	305~335

3）TBM 快速掘进施工组织研究结论

（1）对国内开敞式 TBM 首次在连续 7km 灰岩岩溶及浅埋地层中掘进施工技术研究分析，以关键工序完成时间为核心，制定出了各环节、工序完成时间，并形成了敞开式 TBM 月进度指标。

（2）总结出了 TBM 第一掘进段及第二掘进段施工运输组织，通过对运距及运输时间的分析，确定了最合理的编组配置。

4）TBM 在圆形钻爆段弧形底板长距离快速步进施工技术研究结论

（1）常规法步进每循环比弧形底板步进多出 40s 时间，且弧形底板每循环步进距离一般为 1.9m，常规法步进只有 1.8m。

（2）常规平底板步进受外部影响较大，加垫木板等误时较多。

（3）在长距离弧形底板连续步进时速度快，相比常规平底板步进速度提高约 3 倍，有效地提高了 TBM 步进的效率。

（4）TBM 在圆形段面弧形底板步进相比于常规法步进施工减少了步进设备、施工材料及施工人员等资源的投入，经济效益显著。

5）大断面超深孔反向掘进爆破成井施工技术研究结论

（1）超深孔反向掘进爆破工法成本为正向爆破法/普通法的 40%、机械钻井法的 30%；而效率则为正向爆破法/普通法的 141%、机械钻井法的 128%。在成本投入和资源投入上减少，较显著的增加了经济效益。

（2）施工过程中钻孔的倾斜度控制非常重要，可采取安装导向管来减少开始钻进时的倾斜度，在钻进过程中采用重锤法测斜。钻进每 3m 测斜一次，钻孔完成后还应进行钻孔测斜。

（3）导井爆破是本次爆破的关键，在生产厂家定制直径 120mm、长度 840mm、质量 10kg 的药卷塑管乳化炸药可行。同时在装药前，先用导井器进行验孔，确保孔内畅通，并尽量保持干燥；验孔后，用专用木楔或带橡胶的水泥块对孔底进行封堵。

6）全圆针梁式台车衬砌质量通病预防研究结论

（1）衬砌施工前初期支护面渗水采取堵排结合治理、混凝土浇筑过程中加强振捣、在混凝土原配合比设计中加入防渗剂均可达到渗水预防的效果。

（2）混凝土在浇筑 24h 左右达到峰值，温度在 30~40℃，隧洞内气温保持在 8℃左右，温差达 30℃，可能会产生裂缝。

（3）严格按照设计配合比施工、控制脱模时间、严格落实施工温控措施并加强混凝土养护可达到预防裂缝产生的效果。

7.2 创新性成果

（1）完成了 TBM 喷浆系统管路及水管延伸卷筒后移等技术改造，有效地解决了不良地质条件下空腔及塌腔回填困难及水管延伸不方便操作等问题，同时提高了施工工序效率，对 TBM 在不良地质条件下保持稳定高效掘进创造了先决条件。

（2）提出了适用于 TBM 在不良地质复杂地层中的施工技术，即超前的地质预报、合理的掘进参数、完善的支护体系以及监控量测技术；通过 TBM 在不良地质条件下施工技术在施工过程中应用，降低了 TBM 掘进过程中刀盘低头、卡机等施工风险，也降低了初期支护变形破坏、拱顶坍塌等安全风险，实现了敞开式 TBM 在灰岩地层中长距离掘进的可行性，填补了国内 TBM 穿灰岩地层施工的空白。

（3）提出了适用于 TBM 在圆形断面长距离连续步进的施工技术。通过与常规法步进效果对比发现，TBM 在圆形断面步进速度是普通平底板的约 3 倍，且节省了步进机构的安装及拆除时间。

参考文献

[1] 洪开荣.我国隧道及地下工程近两年的发展与展望[J].隧道建设,2015,37(2):123-134.

[2] 张镜剑.TBM的应用及其有关问题和展望[J].岩石力学与工程学报,1999,18(3):363-363.

[3] 张军伟,梅志荣,高菊茹,等.大伙房输水工程特长隧洞TBM选型及施工关键技术研究[J].现代隧道技术,2010,47(5):1-10.

[4] 王梦恕.中国盾构和掘进机隧道技术现状、存在的问题及发展思路[J].隧道建设(中英文),2014,34(3):179-187.

[5] 尚彦军,杨志法,曾庆利,等.TBM施工遇险工程地质问题分析和失误的反思[J].岩石力学与工程学报,2007,26(12):2404-2411.

[6] 尚彦军,史永跃,曾庆利,等.昆明上公山隧道复杂地质条件下TBM卡机及护盾变形问题分析和对策[J].岩石力学与工程学报,2005(21):3858-3863.

[7] 齐梦学.极端恶劣地质条件下施工技术与管理探讨[J].隧道建设(中英文),2018,38(12):2013-2018.

[8] 琚时轩.全断面隧道岩石掘进机(TBM)选型的探讨[J].隧道建设,2007,27(6):22-23.

[9] 王梦恕.不同地层条件下的盾构与TBM选型[J].隧道建设,2006,26(2):1-3.

[10] 中华人民共和国水利部.引调水线路工程地质勘察规范:SL 629—2014[S].北京:中国水利水电出版社,2014.

[11] 苏利军,翁建良,卢文波.千米深埋隧洞高地应力稳定分析及其工程应用[J].岩土力学,2008,29(S1):221-226.

[12] 李立民.引汉济渭工程秦岭隧洞主要工程地质问题分析研究[J].铁道建筑,2013,470(4):68-70.

[13] 王明慧,姚云晓,蒋树平.我国铁路隧道施工方法及适应性研究[J].现代隧道技术,2010,47(3):1.

[14] CHUAN HE.Research progress and development trends of highway tunnels in China[J].Journal of Modern Transportation,2013,V21(4):209-223.

[15] MARCUS DERBORT. Hardrock tunnel boring machines[M].Ernst & Sohn,2008.

[16] 席光勇.深埋特长隧道(洞)施工涌水处理技术研究[D].成都:西南交通大学,2005.

[17] TBM施工遇险工程地质问题分析和失误的反思[J].岩石力学与工程学报,2007(12):33-40.

[18] 张军伟,梅志荣,高菊茹,等.大伙房输水工程特长隧洞TBM选型及施工关键技术研究[J].现代隧道技术,2010,47(5):1-10.

[19] 郭彦朋.大伙房输水工程特长隧洞施工TBM选型研究[J].路基工程,2010(5):120-123.

[20] 杜士斌.开敞式TBM在大伙房输水隧洞工程中的应用[J].水利水电技术,2010,41(1):48-53.

[21] 马岚.大伙房水库输水工程特长水工隧洞修建技术[M].北京:中国水利水电出版社,2013.

[22] 邓铭江.深埋超特长输水隧洞TBM集群施工关键技术探析[J].岩土工程学报,2016,38(4):7-17.

[23] REMO,GRANDORI.深埋、复杂地质条件大直径隧道TBM的设计进展与创新[J].隧道建设,2012,

32（1）:1-4.

[24] 毛卫洪.隧道掘进机（TBM）选型探讨[J].国防交通工程与技术,2011,09（5）:15-17.

[25] 魏文杰,王明胜,于丽.敞开式TBM隧道施工应用技术[M].成都:西南交通大学出版社,2015.

[26] FARROKH E,ROSTAMI J.Effect of adverse geological condition on TBM operation in Ghomroud tunnel conveyance project[J].Tunnelling and Underground Space Technology,2009,24（4）:436-446.

[27] 钱七虎,李朝甫,傅德明.全断面掘进机在中国地下工程中的应用现状及前景展望[J].建筑机械,2002（5）:28-35.

[28] 王梦恕,王占山.TBM通过断层破碎带的施工技术[J].隧道建设,2001（03）:5-8.

[29] 吴世勇,王鸽,徐劲松,等.锦屏二级水电站TBM选型及施工关键技术研究[J].岩石力学与工程学报,2008（10）:60-69.

[30] 孙海波,刘金祥.敞开式TBM掘进初期典型问题的分析与探讨[J].建筑机械化,2014（9）:71-73.

[31] 王梦恕.开敞式TBM在铁路长隧道特硬岩、软岩地层的施工技术[J].土木工程学报,2005（05）:58-62.

[32] 本书编纂委员会.岩石隧道掘进机（TBM）施工及工程实例[M].北京:中国铁道出版社,2004.

[33] 杜彦良.全断面岩石隧道掘进机:TBM维护保养与监测诊断[M].武汉:华中科技大学出版社,2011.

[34] 吴世勇,周济芳.锦屏二级水电站长引水隧洞高地应力下开敞式硬岩隧道掘进机安全快速掘进技术研究[J].岩石力学与工程学报,2012,31（8）:1657-1665.

[35] 中国水利水电勘测设计协会.水工隧洞技术应用与发展[M].北京:中国水利水电出版社,2018.

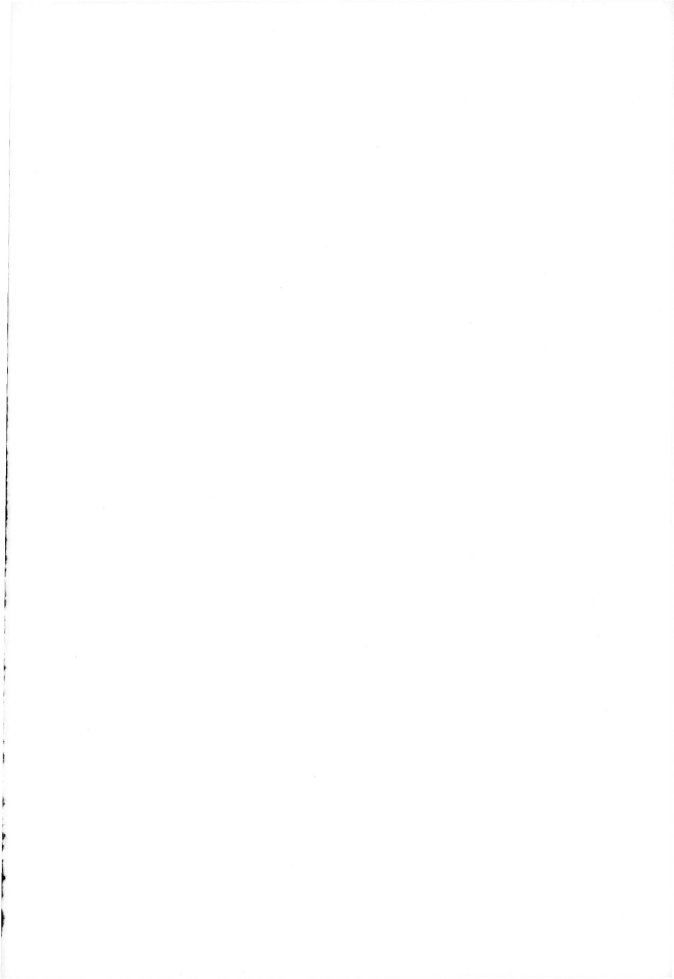